# LECCIONES DE UNA VIDA EN GUERRA

HERNÁN ZIN

# Lecciones de una vida en guerra

PLAZA JANÉS

Papel certificado por el Forest Stewardship Council®

Penguin
Random House
Grupo Editorial

Primera edición: mayo de 2024

© 2024, Hernán Rodrigo Zin
© Jorge Penny, por la infografía de la p. 12
© 2024, Penguin Random House Grupo Editorial, S. A. U.
Travessera de Gràcia, 47-49. 08021 Barcelona

*Printed in Spain* – Impreso en España

ISBN: 978-84-01-03438-1
Depósito legal: B-5.899-2024

Compuesto en M. I. Maquetación, S. L.

Impreso en Rotativas de Estella, S. L.
Villatuerta (Navarra)

L 0 3 4 3 8 1

*A mis sobrinos Facundo y Salvador.*
*Nunca dejéis de ser libres*

*A los amores de mi vida, Liane y Bebe.*
*Perdonadme por no haberlo sabido hacer mejor*

*A David Beriain y Roberto Fraile.*
*Gracias por lo que me habéis enseñado.*
*Os admiro y extraño*

# Índice

What happens after you die?
Lots of things happen after you die.
Just none of them include you.

Louis C.K.

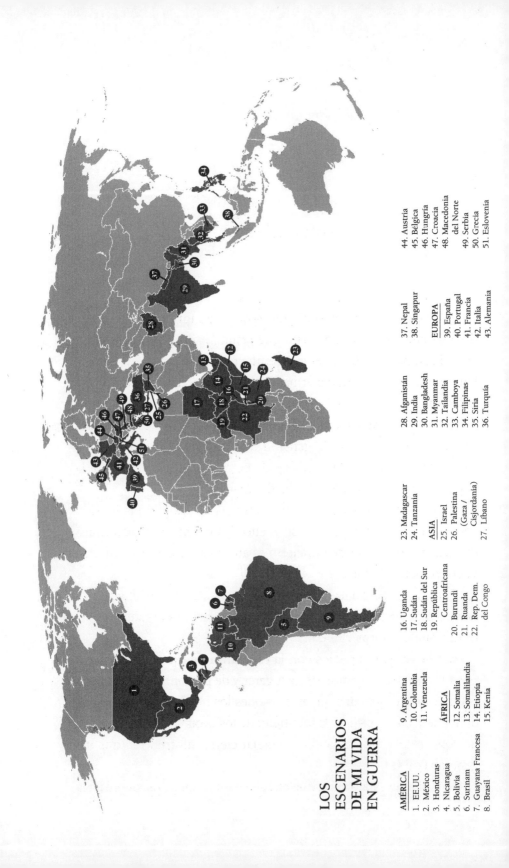

# LOS
# ESCENARIOS
# DE MI VIDA
# EN GUERRA

**AMÉRICA**
1. EE.UU.
2. México
3. Honduras
4. Nicaragua
5. Bolivia
6. Surinam
7. Guayana Francesa
8. Brasil

9. Argentina
10. Colombia
11. Venezuela

**ÁFRICA**
12. Somalia
13. Somalilandia
14. Etiopía
15. Kenia

16. Uganda
17. Sudán
18. Sudán del Sur
19. República
    Centroafricana
20. Burundi
21. Ruanda
22. Rep. Dem.
    del Congo

23. Madagascar
24. Tanzania

**ASIA**
25. Israel
26. Palestina
    (Gaza /
    Cisjordania)
27. Líbano

28. Afganistán
29. India
30. Bangladesh
31. Myanmar
32. Tailandia
33. Camboya
34. Filipinas
35. Siria
36. Turquía

37. Nepal
38. Singapur

**EUROPA**
39. España
40. Portugal
41. Francia
42. Italia
43. Alemania

44. Austria
45. Bélgica
46. Hungría
47. Croacia
48. Macedonia
    del Norte
49. Serbia
50. Grecia
51. Eslovenia

# Nota del autor

La guerra es una experiencia tan sobrecogedora para los sentidos, las emociones y el espíritu que resulta imposible de procesar
en toda su magnitud. En el momento en que ocurre y *a posteriori*.
Unas horas en un conflicto armado pueden superar en intensidad a
vidas enteras.

Tal es su impacto en una persona que colapsa su capacidad cog-
nitiva. Su ruido y su furia generan una profunda confusión. Una
suerte de constante aturdimiento, de neblina. La distancia entre la
realidad y quien es testigo de ella desaparece.

Si a esto le sumamos que mi presencia en las guerras ha sido
continuada en el tiempo, que he vuelto una y otra vez a los mismos
escenarios bélicos, el desconcierto es aún mayor. Los recuerdos se
vuelven menos fiables.

Para tratar de contrarrestar estas carencias he consultado mis
artículos, reportajes, trabajos de investigación para organismos internacionales, libros y documentales.

Me he nutrido de ellos con la esperanza de ser lo más preciso
posible en los años, nombres de lugares y de personas que aparecen
en el libro, aunque en algunas ocasiones los he alterado de manera
deliberada para proteger la identidad de los protagonistas. También
he conversado con amigos para cotejar cierta información que me
generaba dudas.

Más allá de esta bruma que envuelve mis recuerdos, debida a la naturaleza intrínseca de la materia con la que he trabajado, estoy convencido de que la esencia de lo que viví y aprendí en los conflictos armados está presente en cada una de estas páginas.

Eso es lo importante.

# La mirada lateral

Hace un tiempo regresé de un viaje de veintidós años. La digestión no ha sido sencilla, pero creo que ya casi estoy aquí. Acepto preguntas. Disparad. No literalmente, que ya he tenido bastante de eso.

¿Dónde has estado estos veintidós años?

En las zonas más violentas y pobres del planeta.

¿Cómo ha sido la experiencia?

Dura, emocionante, devastadora, plena.

¿Y por qué te has quedado tanto tiempo allí?

Dejadme hacer antes una reflexión: toda pregunta trascendental, si se responde de forma honesta, solo puede culminar en una paradoja. Y la paradoja de esta historia, y de este libro, es que los momentos de mayor plenitud y lucidez de mi existencia los he experimentado en la guerra.

No os miento.

Más allá del dolor, la rabia, la incertidumbre, el caos, el miedo y el horror que se sufren cuando son las armas las que hablan, tenía una serenidad interior que jamás he vuelto a experimentar de manera tan plena. Quizá alguna vez vislumbré algo aproximado navegando solo en el mar.

Un famoso pintor me dijo que el componente clave en toda obra artística es la concentración: cuando alcanzas el estado en el que todos tus sentidos se focalizan en lo que estás creando.

Así era estar en la guerra.

Mis días consistían en salir a buscar una historia, contarla de la manera más honesta posible para un documental, un reportaje o un libro, volver por la tarde al hotel, campamento o trozo de desierto donde me tocase dormir y, en la medida de lo posible, hacerlo con dos brazos, dos piernas y cinco dedos en cada mano.

Repasar que el material estuviera en orden, planificar la jornada siguiente y descansar unas horas para repetir la jugada en esa misma guerra o en la próxima.

Los problemas a los que me enfrentaba eran reales. De mi capacidad para solucionarlos dependía si regresaba sin que me pegaran un tiro, me lincharan, me cayera una bomba o me secuestraran, y muchas veces también la seguridad de la gente que me acompañaba: un traductor, un chófer o algún amigo. No había espacio para distracciones.

Los testimonios que la gente me compartía, casi siempre en sus momentos más terribles, merecían toda mi atención. La escuchaba, miraba y sentía con cada uno de los poros de mi piel, con el corazón y el alma.

Era una vida ausente de carreteras secundarias, con una causa, una misión, un sentido.

Por eso, debajo de tantas capas de confusión, vacilaciones, desasosiego y prisas, había una suerte de balsa de paz. Me encontraba alineado con mis valores, con mi pasión, sereno en medio de la tormenta y presente en cada momento. Tenía la convicción de estar haciendo aquello para lo que había nacido.

De alguna forma, y de allí que solo volviese a experimentar algo parecido navegando en el mar, me sentía vinculado con lo que me rodeaba, como cuando nos descubrimos en medio de un paisaje sobrecogedor y es tal su magnitud y su majestuosidad que nos deja sin palabras, sin ego. Respirando hondo, descalzo, con los brazos abiertos y los ojos cerrados.

Conectado a todo y, al mismo tiempo, apegado a nada.

Una experiencia ligada al latir más profundo de la naturaleza humana y también de la Naturaleza con mayúsculas, de la que somos parte, con nuestras miserias, crueldades, inseguridades, nuestra enorme capacidad de amor, de entrega y empatía. He visto lo mejor y lo peor de cada uno de nosotros en los conflictos armados.

No dejé la guerra por decisión propia. No puse fin a esa constante maratón alrededor del mundo, en la que saltaba de conflicto en conflicto, porque así lo deseara. No me salí de la carretera principal, de estar inmerso en lo que me daba sentido como persona, por gusto. Me vi obligado a hacerlo como consecuencia del estrés postraumático.

Hace unos años empecé a sufrir tal claustrofobia que no podía entrar a un restaurante, no me podía subir a un coche, no podía estar en una ciudad sin sentirme amenazado.

¿Cómo se suponía que iba a ir a un escenario bélico con semejante bloqueo emocional y mental?

Sucedió de repente.

Un vaso al que fueron cayendo gota tras gota de sufrimiento ajeno hasta que un día rebalsó. Se abrieron en canal las heridas que había ido acumulando a lo largo de los años.

Me encontré varado en Madrid a tiempo completo. Sin estar preparado. Sin contar con herramientas. Sin tener la menor idea de qué camino seguir.

Si os soy sincero, me ha costado mucho adaptarme a la lógica que rige la parte afortunada de la lotería de los códigos postales.

El llamado primer mundo.

En estos años no me he terminado de acostumbrar a lidiar con problemas que no son problemas. A que la tragedia de tantas personas sea que se ha demorado o ha llegado a la dirección equivocada el paquete de Amazon.

A la maraña de ridículas regulaciones que debemos sortear para hacer lo que amamos. A ver tanto sufrimiento autoinfligido y gratuito. A gente que se ofende por nada. A gente que traiciona la palabra dada sin necesidad alguna. A gente que tiene todo para ser feliz, estar en armonía, pero que elige hacer tan miserable su cotidianeidad como la de los demás.

Al sonido desaforado, pasado de decibelios, de las redes sociales, de los medios de comunicación, que confunden y desorientan más que un bombardeo, pues su presencia es constante, omnisciente. Una cacofonía de mensajes contradictorios que hace que resulte difícil distinguir la señal del ruido o escucharse siquiera a uno mismo.

A contemplar todo lo que podríamos alcanzar como sociedad, pero por culpa de los egos que no hacen más que esconder profundas inseguridades, de absurdas e infantiloides pugnas de poder, de ambiciones de acumulación desmedidas y sociopáticas, no somos capaces de ponernos de acuerdo siquiera para salvar este planeta que, hasta donde sé, es el único que tenemos a mano, diga lo que diga el ciudadano Kane de nuestro tiempo: Elon Musk.

Claro que me he reído en la guerra, porque el humor funciona como válvula de escape ante el dolor. Si es cáustico y sin filtros, mejor para cauterizar las heridas. Mucho hay de eso en este libro. Al escribirlo me he dado cuenta de la cantidad de insensateces que he hecho y de situaciones inverosímiles en las que me he encontrado.

Después de todo, si le sacamos el dolor de las víctimas, la guerra es el paroxismo del absurdo. Hombres con armas empeñados en matar a otros hombres con armas sin saber o recordar muchas veces el motivo que los empuja a tratar de liquidar al otro.

Como diría el gran Gila: «¿Está el enemigo? Que se ponga».

Claro que también he tenido grandes amigos, algunos de ellos ya fallecidos como Roberto Fraile y David Beriain, con los que he compartido viajes por media galaxia, con los que me he quedado hasta el amanecer bebiendo, charlando y bromeando. En situaciones extremas se crean vínculos de una hondura difícil de generar en otros contextos.

Claro que he tenido cuantas amantes he podido, pues la cercanía de la muerte te impulsa a buscar intimidad, aunque sea por una noche. Es un instinto irreprimible. Y cada una de esas relaciones ha sido especial. Un refugio del horror que te rodea. Una comunión, una bocanada de aire, de piel, entre dos cuerpos, dos almas, que crean una suerte de caparazón que los aísla del exterior en la voluntad de explorarse, reconocerse y unirse para darse placer.

Nunca he dicho que fuera la Madre Teresa. Ni aspiro a serlo. Tuve ocasión de conocerla, como también a Nelson Mandela o David Bowie. Grandes regalos de este trabajo.

Más allá de estos remansos de amistad, de risas, de sexo y de no ser la Madre Teresa, la mayor parte del tiempo estaba centrado en mi oficio.

Una existencia en blanco y negro, casi sin matices, austera, espartana y a la vez exuberante en el número de países a los que volaba cada año, en la cantidad de momentos históricos que viví en primera fila, en la larga lista de figuras relevantes a las que he podido entrevistar: presidentes, activistas, artistas, premios Nobel, pero sobre todo gente de a pie, que es la que siempre más me ha interesado.

Una existencia en la que tuve la fortuna de poder dialogar de manera constante con las cuestiones esenciales de la condición humana. Aquellas sobre las que llevamos miles de años preguntándonos como especie.

¿Por qué hay tanta injusticia? ¿Tanto dolor? ¿Por qué algunos son afortunados, lo tienen todo, y otros sufren golpes tan duros como del odio de Dios? Sí, el poeta César Vallejo, que describió con maestría esos embates del destino que se empozan en la mirada. Y yo, que no he recibido la visita de los heraldos negros, ¿qué puedo hacer para equilibrar la balanza? ¿Para ayudar? ¿Cuál es mi papel en esta historia? ¿Qué sentido tiene mi vida? ¿Qué sentido tiene la vida?

Cuando mi querida Carmen Fernández de Blas me ofreció la posibilidad de escribir estas páginas, tras una larga conversación sobre lo difícil que me estaba resultando regresar a la vida en la parte próspera del planeta, me asaltaron cientos de dudas.

He sido siempre una persona de acción, nómada, que se ha bebido la vida a borbotones, que no ha vacilado en lanzarse a Somalia, Gaza o Afganistán, sin siquiera haber contado con tiempo para escribir un diario personal o para digerir aquello de lo que había sido testigo.

¿Sería capaz de descubrir y entender lo que me había enseñado la guerra? ¿No sonaría acaso como lo que siempre he tratado de evitar, alguien que da sermones, que dice a los demás cómo tienen que obrar, cuando estoy convencido de que las respuestas a estas preguntas yacen dentro de cada uno de nosotros?

Lo cierto es que, aunque poco consciente fuera de ello, las enseñanzas se encontraban allí. Los ecos de aquellas preguntas que no dejaba de hacerme cuando estaba en los conflictos armados.

Lecciones que comparto con vosotros desde la honestidad de alguien que ha estado bastante desorientado estos últimos años.

Lecciones que me han vuelto a conectar con una parte de mí con la que había perdido comunicación al tener que dejar la guerra.

Escribir estas páginas me ha devuelto la fuerza para reconocer, asumir y afrontar la implacable lógica de nuestra existencia.

Te caes, aprendes, te pones de pie.

Te caes, aprendes, te pones de pie.

Te caes, aprendes, te pones de pie.

Y así es como consigues, tras haberte extraviado, reencontrarte con tus valores, con lo que es esencial. Recalibrar la brújula de tus objetivos, en una versión mejorada de ti mismo, más sólida, más curtida y sosegada.

Ojalá tengan el mismo efecto en cada uno de vosotros, sea lo que sea que estéis buscando.

También comprendí que los conflictos armados nos ofrecen una visión distinta de la realidad a la que he bautizado: «La mirada lateral». Un punto de vista que nos ayuda a entender el mundo y nuestras vidas desde fuera de la caja del pensamiento establecido.

Una gran herramienta en esta era de tanta confusión.

Un punto de vista provocador, incisivo, mordaz, al mismo tiempo que cargado de amor y enraizado en profundas verdades sobre nuestra especie, que responden al encuentro con la dura cotidianeidad de tantos millones de hombres, mujeres y niños que no han tenido la suerte que tú y yo hemos tenido.

Después de todo, ir a la guerra es ser testigo del sufrimiento de las víctimas y descubrir que, en muchas ocasiones, ese dolor es consecuencia de unos intereses que poco tienen que ver con el conflicto en sí mismo.

De ahí viene este binomio que nos puede servir para mejorar como personas: la conexión con lo que sucede más allá de nuestras fronteras personales y la observación crítica de las líneas, convicciones, certidumbres, normas, que nos han sido impuestas y de las que muchas veces no somos conscientes.

¿Cómo funciona?

Es un juego de espejos.

Ponemos en duda lo que está afuera para luego mirar hacia nuestro interior y descubrir qué barreras hemos adoptado que nos impiden alcanzar nuestro pleno potencial como individuos.


Hasta ahora, mi trabajo como narrador ha sido dar un paso al costado y amplificar la voz de los demás en documentales como *La guerra contra las mujeres*, *Nacido en Siria*, *Nacido en Gaza*, *Villas Miseria*; en libros como *Helado y patatas fritas, La libertad del compromiso* o *Llueve sobre Gaza*, y en cientos de reportajes, con la esperanza de que la humanidad reaccione y ponga fin a la barbarie que sufren los olvidados, los ignorados, los pisoteados por el poder y nuestra indiferencia.

De hecho, cuando empecé a dedicarme a este oficio había una treintena de guerras.

Ahora solo hay cinco.

Un hito que debemos celebrar.

Durante décadas he evitado manifestar en público cualquier opinión política o controvertida que pudiera contaminar mi misión: ser un mero altavoz, en especial de las víctimas.

He esquivado de manera tenaz todo afán de protagonismo. Mientras la gente menos conozca mi nombre y más el de los hombres, mujeres y niños que pueblan mis obras, señal de que estoy haciendo las cosas bien.

Ser invisible.

Si quiero debatir con alguien, a esa persona la tengo que poder mirar a los ojos, café de por medio. Lo demás no me sirve.

En este libro, por primera vez, es mi voz la que habla. Considero que no elegí el mejor momento de la historia para hacerlo, pero nada, es ahora cuando he necesitado escribirlo.

Transitamos tiempos extraños, en los que no se puede disentir con elegancia y empatía, mantener un diálogo sereno, maduro, desde posiciones enfrentadas. Reírnos de nosotros mismos y reírnos de lo que nos rodea.

¿Cómo espera alguien evolucionar, intelectual y espiritualmente, desde semejante punto de partida? ¿Desde el ego, desde la ridícula convicción de que solo mis ideas son las correctas, o desde la banalidad de creernos con derecho a todo? ¿Teniendo como único espejo ese baile de máscaras que son las redes sociales?

La vida no funciona así.

Y este libro tampoco.

Aunque podamos discrepar de manera elegante sobre muchos asuntos, considerad que estas páginas tienen la legitimidad de que he estado allí, en casi cuanta guerra o desastre ha habido en el último cuarto de siglo.

No estoy reempaquetando filosofías y teorías ajenas.

No soy gurú de nada ni me interesa serlo.

He estado allí, lo repito.

*The Man in the Arena.*

Tampoco me engaño.

Sería absurdo asumir que las reflexiones que componen esta obra se encuentran a la altura del filósofo Immanuel Kant. Sin embargo, a diferencia del creador de los imperativos categóricos, que nunca salió de su pueblo, yo he estado en más de ochenta países y en infinidad de situaciones en las que la vida se me presentaba en sus versiones más extremas.

Esto es lo que, humildemente, vengo a ofreceros.

La pulsión, la huella y el legado de haber sido parte de acontecimientos que cambiaron el destino de miles, cientos y millones de seres humanos.

Todo comenzó en Calcuta.

Al llegar, con veintidós años, decidí que no iba a hacer el posgrado en Relaciones Internacionales para el que había aplicado en la Universidad de Georgetown y que me quedaba a vivir en la India. Mi padre, con comprensible desilusión, me dijo a través del teléfono: «Muy bien, hijo, veo que has decidido dedicarte al conocimiento empírico de la vida».

Así es.

Conocimiento empírico, de primera mano, atesorado en tantos hospitales llenos de heridos tras un bombardeo, en tantos campos de refugiados, en tantos viajes al frente de batalla, pasando en un mismo plano secuencia de la risa a la euforia y el horror, con todas las virtudes y limitaciones que esto encierra, con mis errores y aciertos.

# PRIMERA PARTE

# El arte de cruzar fronteras

## *Desafía los límites*

# No dispares hasta que salga Hernán

## Tira siempre para adelante

*Afganistán, 2007*

El blindado se sacude a medida que avanza por el irregular terreno del valle de Tagab. Fernández, el navegador de la compañía, tiene una linterna verde en el casco con la que ilumina el mapa que lleva sobre las piernas.

Me dice algo que no llego a descifrar entre el sonido del aire acondicionado, los bramidos del motor y el crepitar de esa radio de la que a veces salen frases que tampoco logro entender.

—¿Qué has dicho? —le grito.

—Que odio las misiones nocturnas. Me ponen nervioso.

Gracias por la información. Ahora me quedo más tranquilo. Si ya tenía miedo, sus palabras me lo han disparado a la enésima potencia.

Eso me pasa por preguntar.

Mejor vivir en la ignorancia.

Por la ventanilla que se encuentra junto a mí no veo más que oscuridad y el destello ocasional de otros vehículos que participan en la misión.

Tras pasar ocho horas patrullando, cuando estábamos por volver a la base, recibimos un pedido de QRF (*Quick Reaction Force*). Y, como somos gente solidaria, nos ponemos en marcha. No sé exactamente hacia dónde ni qué nos espera. Solo tengo claro que parece algo serio y que tenemos prisa.

Nos empezamos a inclinar. Me agarro con fuerza al asiento. Las cabezas de los soldados se mecen rítmicamente. Estamos subiendo una cuesta. O bajando. No lo tengo claro. En medio del resplandor verde de las pantallas, la munición que cuelga por doquier, he perdido la noción del espacio.

—Falta poco para llegar al objetivo —me informa Fernández, que es el miembro de la compañía Able con el que tengo mejor relación.

Un joven de veintidós años de Nuevo México, al que las líneas del rostro se le afilan en la penumbra. Los pómulos prominentes, la nariz achatada, parece una escultura maya. Padre de una niña, con la que habla una vez por semana, cuida de mí en todo momento, aunque a veces preferiría que se guardara sus preocupaciones para sí mismo.

El vehículo se detiene.

Transcurren unos segundos.

El artificiero que está en la parte delantera se coloca unos guantes marca Under Armour, calibra las gafas de visión nocturna y carga un proyectil de 40 mm en el lanzagranadas M203 acoplado a la parte inferior de su fusil.

—¿Estás listo, Hernán? —me pregunta a viva voz el comandante, que yace sentado en el asiento del copiloto.

¿Listo?

Si yo no voy a disparar.

Luego se dirige al muchacho que tiene el fusil en las manos y una bandolera con proyectiles alrededor del pecho.

—Espera a que Hernán salga contigo.

¿En serio?

Sin perder un instante, enciendo la cámara, le doy a grabar y paso como puedo entre los soldados.

—Perdón... permiso.

No vaya a ser que nos maten por mi culpa.

Afortunadamente, llevo puesto el casco y el chaleco antibalas, pues me choco con los equipos electrónicos, aristas y municiones que pueblan este cacharro de metal con ruedas en el que llevamos medio día enlatados.

Una vez que estoy fuera, el artificiero me grita:

—¿Tienes los tapones? Esto va a sonar como un concierto de Death Metal.

Soy tan gilipollas que me los he dejado en el bolso. De todos modos, le miento. Le digo que los tengo.

—¿Estás grabando?

Al salir, la diferencia de temperatura ha hecho que se me empañen las gafas antifragmentación. Así que ajusto el foco de la cámara casi a ciegas.

Levanto el pulgar.

Sin embargo, nada sucede.

Veo que está escuchando lo que le ordenan a través de los auriculares. Me hace una señal.

Nos volvemos a meter dentro del MRAP, que es el acrónimo con el que se conoce a este vehículo diseñado especialmente para evitar el impacto de los explosivos que la insurgencia coloca en las carreteras en Irak y Afganistán. Tiene forma de V en la trompa y está reforzado por debajo con un material clasificado. Su diseño ha costado cincuenta mil millones de dólares.

—Tenemos que esperar —me explica el comandante, un oficial de veintidós años que, acto seguido, vuelve a conectarse a la radio con la que se comunica con el resto de los miembros de la misión y con la base principal, donde están los altos mandos y los responsables de inteligencia.

De pie, con la cámara pegada al pecho, intento evitar apoyarme en algo que pueda explotar.

—*Roger that* —musita el comandante al micrófono que tiene frente a la boca.

Nos mira.

No hacen falta más palabras.

Salimos.

El artificiero dispara el lanzagranadas, cuyo proyectil resplandece en la oscuridad e impacta contra una casa que se encuentra a unos trescientos metros. Una nube de polvo se esparce por el aire.

Espero que no haya familias dentro.

Me quedo aturdido. Desde el interior del blindado nos llegan vítores. Los escucho ahogados, como si estuviera debajo del agua.

Creo que me he quedado sordo.

De entre los escombros, los talibanes disparan con fusiles AK-47. Las balas rebotan por todas partes. Reciben fuego de otros vehículos de la misión.

El artificiero me hace un gesto.

Descendemos.

—Hernán, quizá tengamos que salir del vehículo —me dice el comandante—. ¿Vienes con nosotros?

Asiento con la cabeza.

Regreso a mi puesto chocándome otra vez contra los artefactos que pueblan el blindado, contra las rodillas de los soldados. Me siento junto a Fernández, que ha dejado el mapa y está preparando el armamento.

Nos miramos.

La expresión de consternación en su rostro me vuelve a llenar de paz y tranquilidad.

Soy el único que no lleva auriculares, por lo que, además de la desorientación espacial, la desazón que me producen las deflagraciones que resuenan a lo lejos, lo poco que veo al llevar las gafas cubiertas de vaho, estoy al margen de la trama de esta película, que ni siquiera tiene subtítulos.

Los muchachos a mi alrededor preparan sus fusiles M4 y se colocan los equipos de visión nocturna. Uno de ellos tiene cogida la palanca de metal que abre la puerta trasera del blindado. Imagino que cuando reciba la orden, tirará de ella con fuerza y bajaremos.

Por ahora, permanecemos en alerta.

Se suceden los minutos.

Siento el corazón golpeando contra la camiseta empapada de sudor que llevo debajo del chaleco antibalas. Caigo en la cuenta de que me falta algo. Con desesperación busco en mi bolso el adhesivo con la palabra PRESS. Me lo pego al pecho. De paso, cojo un par de cintas y baterías. No sé cuánto tiempo estaremos fuera una vez que comience el ataque.

De repente, los soldados sonríen, gritan *yeah* y chocan los puños como si hubiésemos ganado la Super Bowl.

—¿Qué pasa? —le pregunto a Fernández.

Sonríe con alivio.

—El enemigo ha sido neutralizado.


Los jóvenes a los que acompaño en Afganistán forman parte de la 101 División Aerotransportada, aquella mítica unidad de paracaidistas que fue la primera en lanzarse tras las líneas de la Wehrmacht alemana antes de que empezara el desembarco de Normandía.

Ahora el enemigo no es Erwin Rommel, el legendario «zorro del desierto», sino el mulá Dadullah. Tras unos años de relativa calma desde la invasión de EE. UU., este hombre, que perdió una pierna peleando contra los soviéticos en los años ochenta, es uno de los principales responsables de la ofensiva que los talibanes están lanzando desde la vecina Pakistán.

En una reciente entrevista a la BCC declaró que cuenta con cientos de jóvenes dispuestos a inmolarse para echar a los invasores, al mejor estilo Al Zarqaui en Irak. «No tenemos armas modernas como los americanos, pero tenemos gente dispuesta a morir por la *yihad*».

Dadullah se hizo famoso al secuestrar al periodista italiano Daniele Mastrogiacomo, que escribía para el periódico *La Reppublica*. Lo intercambió por cinco líderes talibanes que estaban presos en Kabul. Al conductor y al traductor de Mastrogiacomo los hizo decapitar.

Para complicar más aún la situación, ha terminado la época de cosecha del opio. La mano de obra desocupada del cultivo de la amapola es contratada por los líderes de la insurgencia en lo que se conoce como «talibanes de diez dólares al día».

Apenas regresamos de las patrullas diarias, los soldados, que tienen entre dieciocho y veinticinco años, limpian sus armas y luego se ponen a pegar tiros frente a la pantalla de un televisor en el que juegan al *Call of Duty*.

Redundante.

Las películas que ven, cada uno en su litera y con su ordenador pegado a la cara, también. Jean-Claude Van Damme, Arnold Schwarzenegger, Chuck Norris, Steven Seagal, lanzando patadas y puñetazos a diestra y siniestra, disparando a lo loco. O algo en la misma línea argumental, si es que resulta posible llamarla de esta manera.

Recuerdo que una noche, camino a la letrina, a la que llaman *shitter*, atisbé en la pantalla de uno de ellos una escena de *El gran Lebowski*, el clásico de los hermanos Cohen. Esa secuencia mítica en la que Jesús, vestido con un mono púrpura, se luce en cámara lenta frente al protagonista en una partida de bolos con *Hotel California* sonando de fondo.

Al volver con la linterna roja en la frente, que es de ese color para que los talibanes no te localicen y te disparen, me agaché junto al soldado. Se llamaba Walden, tenía veinte años, era el encargado de la ametralladora de calibre 50 que estaba situada en lo alto de nuestro vehículo blindado.

—Gran película —le dije.

Se sacó los auriculares.

—Gran película —repetí.

—No la entiendo —me respondió haciendo un gesto con los hombros.

Se me cayó el alma a los pies.

Lo cierto es que los jóvenes son muy considerados conmigo. Acceden a darme entrevistas cada vez que se las propongo. Me piden que les saque fotos, que les muestre los vídeos que he grabado.

No en vano se han criado en la cultura del espectáculo.

Lo que no me hace demasiada gracia es su insistencia para que me sume a pegar tiros en la realidad de la PlayStation. Ya no sé qué excusa dar para evitar tener enfrentarme a ellos en el *Call of Duty*. Las palizas que recibo resultan absolutamente apabullantes. No hay forma de que pase del primer nivel. Puedo sentir sus miradas de reojo, condescendientes: «No es posible que este tío sea tan malo. Suerte que en las misiones lleva una cámara y no un fusil».

—Es que soy más de leer —intento justificarme.

No sucede lo mismo con los miembros de las fuerzas especiales que, con sus largas barbas y vestidos de afganos, me echan a los gritos cada vez que me acerco a su zona del cuartel. Inclusive si estoy sin el equipo de grabación, en calzoncillos y camino al *shitter*, se encargan de recordarme con la mirada que los reporteros tenemos prohibido captar imagen alguna de ellos.

Son la élite.

Los que realizan las operaciones secretas para cazar a talibanes de alto rango, rescatar rehenes o recabar información tras las filas del enemigo.


Nuestras misiones junto a los integrantes de la compañía Able en sí no parecen muy peligrosas, dejando a un lado la posibilidad de encontrar un artefacto explosivo en el camino que haga volar el MRAP por los aires o el nerviosismo que se genera cuando recibimos un pedido de QRF.

Tampoco los controles en las carreteras, que es algo que hacemos de manera rutinaria. Los soldados paran el tráfico y escanean uno a uno a los afganos que viajan apiñados en sus desvencijados coches y furgonetas, a veces acompañados por mujeres asfixiadas por el burka, niños, cabras y gallinas, en esta estepa infinita y polvorienta que inevitablemente culmina en montañas.

Les ponen frente a los ojos un artilugio con forma de antigua cámara de fotos que les lee el iris de los ojos. La información es enviada en tiempo real al Pentágono, donde potentes ordenadores comparan estos datos biométricos con los de millones de personas. Aunque el sistema no resulta fiable al cien por cien, si la respuesta que regresa es dudosa, el paisano de turno, junto a su cabra, su gallina o su familia, es apartado para ser interrogado por un oficial de inteligencia y un intérprete.

Es cierto que alguno podría ser un discípulo del mulá Dadullah, llevar explosivos y hacernos volar en pedazos, pero este encuentro entre la modernidad cibernética de los estadounidenses y aquellos hombres que resemblan seres del medioevo me genera cierta incomodidad y tristeza.

Algo no se está haciendo bien.


Las noches son las que resultan infernales, no por las películas de acción que brillan en las pantallas de los ordenadores, sino porque a algún genio de la estrategia militar se le ocurrió situar la base en el fondo de un valle rodeado de montañas en la frontera con Pakistán.

Así que, apenas se oculta el sol, los talibanes nos lanzan viejos misiles soviéticos con absoluta impunidad. Por suerte, los artefactos salen disparados en la dirección que les da la gana. Solo en un par de ocasiones alcanzaron la base de lleno durante mi estancia.

Como medida disuasoria, los artificieros de la 101 División Aerotransportada disparan fuego de mortero de 102 mm hacia las montañas.

Cada cinco minutos.

Bum.

De manera aleatoria.

Bum.

Imposible dormir con semejante mascletá.

Bum.

El 4 de julio, además de comer filetes en vez hamburguesas en la cantina, a la que llaman *chow hall*, los soldados salen a la explanada principal para celebrar el día de la Independencia.

Los morteros, tan activos cada noche, empiezan a lanzar bengalas de color amarillo. Los ciento sesenta y siete hombres, y una mujer, que residen en la base, aplauden y gritan. De fondo se escucha música de Metallica, por lo que la situación tiene algo de onírico.

Carecen de fuegos artificiales.

Tampoco les hacen falta.

Cuando se acaban las bengalas, comienzan disparos de ametralladoras que dejan rastros incandescentes en la unánime fisonomía de la noche. Proyectiles de toda clase y tonalidades.

La más potente es una *Dushka* rusa, accionada desde las barracas de las fuerzas especiales. A las que, no hace falta que me lo recuerden por enésima vez, tengo prohibido acercarme.

Ante cada explosión, cada proyectil que surca el cielo, nuevos gritos de júbilo.

En un momento de exaltación, Walden, el artificiero que es oriundo de Montana y mide dos metros altura, se saca una granada del pecho y la lanza contra el perímetro de la base.

Unos segundos de sorpresa, de *what the fuck*, pero luego todos se ríen y celebran.

Imagino a los talibanes, acuclillados en la montaña con sus pijamas y sus antiguos misiles soviéticos, pensando que los estadounidenses se han vueltos locos.


Fernández, el navegador de la unidad, había decidido *motu proprio* ser mi lazarillo a lo largo del tiempo que iba a estar con ellos. Algo que le agradezco, ya que cuando el helicóptero Chinook me dejó en la base, no sabía bien qué hacer. Un oficial que me vio parado con el bolso, el chaleco antibalas y el casco, se acercó y me dijo:

—Tienes que ir con la compañía Able. Sus barracas están al fondo.

Eso fue todo.

Así de caótica es la guerra.

Fernández me mostró dónde estaban la cocina, el comedor y los baños. Después me dio algunos consejos para evitar que me mataran, como usar la linterna roja para ir al *shitter* o tratar de pasar la mayor parte del tiempo que estuviera en el exterior debajo de las redes que cubrían las entradas a los contenedores en los que dormíamos. También me hacía el favor de sacudirme en el camastro cuando teníamos que salir en alguna misión de madrugada y de traerme raciones de MRE (*Meal, Ready-to-Eat*) para que no pasara hambre.

Mantuvimos largas conversaciones en las horas muertas de aquella base. En la muñeca, tenía una pulsera con el nombre de un compañero al que habían matado hacía unas semanas.

Me contó el incidente.

Me habló también acerca de su mujer y de su hija. Las adoraba. Compartió conmigo el sueño que tenía: abrir su propio taller mecánico. Lo que le pagaban por combatir en Afganistán, una guerra que no le generaba excesivo interés más que luchar por sus compañeros de unidad, lo ahorraba para crear su negocio. No veía la hora de volver a casa.

—¿Te puedo hacer una pregunta? —me interrogó un día.

—Lo que quieras.

—¿Por qué no llevas armas?

—No entiendo.

—Me has mostrado fotos en tantas guerras. Y en ninguna te veo armado.

—Es que lo prohíbe la Convención de Ginebra.

—¿En serio?

—Sí, los no combatientes tenemos prohibido el uso de armas.

Me miró a los ojos.

Hizo una pausa de unos segundos.

—Eres un valiente.

No estaba de acuerdo, pero le agradecí el cumplido.


Había llegado a Kabul un mes antes. Aunque llevaba más de una década cubriendo conflictos armados, era la primera vez que me iba a sumar a las tropas del ejército de EE. UU.

No se trataba de algo nuevo en el oficio.

El mismísimo Robert Capa se había unido a los integrantes de la 1.ª División de Infantería en el desembarco en la playa de Omaha el 6 de junio de 1944.

Nuevo o viejo, estaba bastante asustado.

Cuando el taxi que me llevó hasta las inmediaciones de la base de Bagram se detuvo frente a la primera barrera de hormigón, no tuve mejor idea que bajarme, coger mi bolso del maletero, ponerme el chaleco antibalas y empezar a llamar por teléfono al número que me habían dado de referencia desde el Pentágono.

Sin decirme palabra alguna, el conductor se marchó.

Y ahí me quedé.

Solo, en medio de una nada desértica, ventosa, reverberante de calor, que se perdía en las montañas de picos nevados del Hindú Kush.

La base de Bagram, una auténtica fortaleza, estaba a un kilómetro aproximadamente. De ella me separaban al menos cinco barreras de hormigón. Por sobre mi cabeza pasaban de vez en cuando parejas de helicópteros Apache.

Nadie contestaba al teléfono.

En realidad, toda aquella gestión la había hecho por internet, sin hablar con ser humano alguno. Había mandado mis documentos por correo electrónico a Washington. Me habían respondido en varias ocasiones pidiendo más información. Se la había enviado. Y un día llegó una confirmación que decía que tenía que estar a las siete de la mañana en la base de Bagram y que, para cualquier incidencia, llamara al oficial encargado de prensa.

Podría haber sido perfectamente una trampa del mulá Dadullah o una broma de algún aburrido hacker indio.

También me habían mandado una guía con todo lo que debía acompañarme en aquel viaje. La clase de chaleco antibalas. La linterna con luz roja. Las pegatinas con mi grupo sanguíneo, que debía colocarme en distintas partes del cuerpo por si perdía algún miembro y necesitaba una transfusión.

A lo lejos, vi salir de la base un convoy de blindados. Venían hacia mí. Varios Humvee a la cabeza seguidos por media docena de aparatosos MRAP.

No sabía bien qué hacer. Si volver sobre mis pasos hasta el pueblo más cercano para tomar un taxi de regreso a Kabul, situada a setenta kilómetros al sur, o si progresar hacia la base exponiéndome a que pensaran que era un hombre bomba y me disparasen desde las torretas que coronaban aquella impresionante fortificación.

Unos meses antes, un terrorista suicida había hecho detonar su chaleco en la entrada de la base durante la visita de Dick Cheney, el vicepresidente de EE. UU.

Murieron veinticuatro personas.

Los vehículos blindados pasaron junto a mí indiferentes, levantando una tormenta de polvo. Al otro lado del teléfono seguían sin responder.

¿Avanzaba?

¿Retrocedía?

Finalmente, me dije a mí mismo que resultaba más sospechoso parado ahí en medio de la estepa, con un gran bolso negro, un chaleco antibalas y un casco que me quedaba tan pequeño que parecía más bien una kipá, que si me ponía a caminar con decisión.

¿Hacia qué lado?

Esa era la pregunta clave.

En la dirección contraria a la que se dirigiría cualquier persona en su sano juicio. Lo razonable hubiese sido volver a la pensión Gandamack, mandar otro correo electrónico a Washington diciendo que nadie me había venido a recoger a la hora pactada y pedir nuevas instrucciones. ¿O me había equivocado de día? No, seguro que era la fecha correcta. La había repasado mil veces a lo largo de la noche anterior, en la que casi no había dormido.

Contraviniendo el sentido común, me dirigí hacia Bagram evitando cualquier gesto de vacilación que pudiera levantar sospechas y ganarme un tiro entre los ojos.

Caminaba lentamente, tratando de aparentar normalidad, como quien pasea por el parque del Retiro. Solo me faltaba mi perro Joy.

Si me había pasado meses enviando correos electrónicos, me había tomado un vuelo desde Madrid y le había pedido prestado el casco a David Beriain, que en ese momento comprendí que tenía la cabeza mucho más pequeña que la mía, no podía hacer más que progresar.

*Alea iacta est.*

La suerte estaba echada.

Frase que pronunció Julio César en enero del año 49 a. C. durante los instantes previos a cruzar el río Rubicón. Lo acompañaba su XIII legión. Los soldados más devotos en los diez años que llevaba luchando en las Galias. Era un paso que no tenía vuelta atrás. Rompía las normas sagradas de la República romana. El castigo podía ser la condena a muerte o el exilio.

No le salió mal la jugada, aunque la huida de sus enemigos, Pompeyo y Craso, a los que siguieron los miembros del Senado, supusiera el fin de cuatro siglos de democracia en Roma. Un experimento de libertad, poder ciudadano y respeto al derecho que no se repetiría hasta el 4 de julio de 1776.

Con un poco de fortuna, yo sería capaz de cruzar mi propio Rubicón, llegar a la base de Bagram sin que me dispararan y sin joderle la democracia a nadie.

*Alea iacta est.*

Finalmente, cuando me acercaba al último bloque de hormigón, apareció el oficial responsable de prensa. Un joven rubio, con casco y chaleco antibalas. Gritaba mi nombre o algo aproximado.

—¿Jernan?

—Soy yo —le dije levantando en alto mi pasaporte europeo.

—Siento llegar tarde, estaba ocupado, no podía cogerte el teléfono.

Tu puta madre, pensé, y respiré con alivio tras haber sufrido como un condenado en cada paso de aquella tortuosa caminata hacia Bagram.

Una vez dentro de la base, tras pasar varios controles de seguridad, el oficial me dio mi credencial de prensa y me asignó un camastro en un contenedor vacío. En las paredes, pintadas de periodistas que habían pasado por allí. En los armarios, objetos que se habían dejado: pilas, calcetines, mochilas vacías.

—No sé cuándo habrá sitio en un helicóptero que te pueda llevar a tu misión. La ofensiva talibán nos tiene desbordados. Por ahora, disfruta del tiempo libre. Tienes restaurantes, tiendas, gimnasio.

—Gracias.

—Eso sí, no puedes tomar fotos.

El oficial de prensa no había exagerado. Bagram era una ciudad en sí misma, que albergaba a trece mil soldados. El epicentro de las operaciones de EE. UU. en Afganistán. A cada instante despegaban de su pista principal aviones de combate C-130, drones Predator, helicópteros Apache, para brindar ayuda a las tropas que estaban luchando en el terreno.

El bramido de los motores era constante.

Por caminos hechos de gravilla, entre los contenedores que servían de viviendas, los militares se movían en carros de golf y en jeeps. En la arteria principal de la base había puestos de Burger King, Taco Bell y Wendy's. También un supermercado gigante, conocido como PX, en el que no solo vendían alimentos estadounidenses, sino insignias, ropa técnica y armamento que los soldados compraban para complementar el equipo básico que les había asignado el ejército.

Antes de partir de Madrid, había pasado por Decathlon para comprar una docena de barritas proteicas. La ansiedad había hecho que me las comiera todas en el vuelo a Dubái. Un clásico en mí, al punto de que dejé de comprarlas. A ese ritmo, no iba a encontrar chaleco antibalas en el que poder entrar. Así que aproveché mi paso por el PX para volver a coger todas las provisiones que pudiera. No sabía qué me esperaba una vez que llegase a la misión junto a la 101 División Aerotransportada en aquel valle perdido cerca de la frontera con Pakistán.

También, más allá de las indicaciones del oficial de prensa, grabé todo lo que pude. Disimuladamente, llevaba una GoPro en la mano y la ponía en la mesa mientras comía una hamburguesa de Wendy's.

Me parecía surrealista aquella sobreabundancia de bienes materiales, con los enormes palés llenos de botellas de agua desperdigados por doquier, en un país en el que la gente pasaba hambre.

Además, sabía que aquella feliz y bulliciosa ciudad militar, con muchachos tatuados, musculosos, haciendo pesas al aire libre o jugando partidos de baloncesto, tenía un lado oscuro. Recientemente, el periódico The New York Times había destapado en una investigación que más de 650 personas habían sufrido torturas en su prisión secreta, que seguramente estaba en una parte de la base a la solo tenían acceso agentes de la CIA.

Dos hombres habían muerto como consecuencia de las palizas.

Uno de ellos, Dilawar, era un conductor y granjero afgano de veintidós años, contra quien nunca hubo cargos.

Estaba releyendo mi libro favorito, *Trampa 22*, tirado en el camastro, cuando se abrió la puerta del contenedor y entró el oficial de prensa como si lo llevara el demonio.

—Jernan, te he estado llamando por teléfono.

—Lo tengo aquí conmigo. No entiendo —le respondí mostrándole el iPhone.

—Vale, vale, no importa. Tienes cinco minutos para estar en la pista.

—¿Cinco minutos?

—Te he conseguido lugar en un helicóptero, pero sale ya. Tienes que darte prisa.

Viva la planificación.

Si todo lo hacen así, la guerra contra los talibanes está perdida. De hecho, aunque hicieran las cosas con orden prusiano, la tendrían perdida igualmente.

El tiempo juega a favor de los milicianos pastunes.

Vencieron a los británicos, a los soviéticos, ahora solo les queda esperar a que la coalición internacional liderada por EE.UU. se canse también.

Metí mis pertenencias a lo loco en el bolso. Me puse el chaleco antibalas y el casco. No encontraba la credencial de prensa. A la mierda. Salí corriendo como pude, por el suelo de gravilla, cargado como una mula, tras los pasos de aquel oficial de prensa que había nacido para provocarme microinfartos.

Una vez en la pista de la base, entre el rugido de los aviones que despegaban a cada momento, me dirigió a los gritos. No oía nada de lo que me decía, pero al ver que señalaba un helicóptero Chinook que tenía la compuerta abierta, comprendí que ese iba a ser el vehículo que me llevaría finalmente al frente de batalla.

Nos dimos la mano.

—Haz caso a los oficiales —me dijo con una media sonrisa—. Queremos que vuelvas con vida.

Eso sí lo escuché con claridad.

Justo lo que menos quería escuchar.

Al llegar a la aeronave, que se hizo famosa en la guerra de Vietnam transportando a las tropas que luchaban contra el Vietcong, en otra guerra que EE. UU. había perdido antes de comenzar en 1962, descubrí que el interior estaba lleno de miembros de fuerzas especiales, marines y contratistas privados.

Todos me miraron como a un bicho raro. Y seguramente lo era, con el bolso mal cerrado, el chaleco antibalas negro y aquel casco que me quedaba demasiado pequeño.

Encontré sitio junto a una ventanilla. Descubrí que tampoco me había dado tiempo a terminar de atarme los cordones de las botas.

Una tragedia ambulante.

Estaba luchando por ponerme el cinturón cuando sentí que despegábamos. El Chinook tomó altura, se inclinó y pude ver la base de Bagram, aquel lujoso barrio privado en medio de la miserable estepa afgana, y la silueta al fondo de Kabul.

Al descubrir que estábamos volando con la puerta trasera abierta, tuve otro momento *Alea iacta est*.

Lo medité.

Y me dije que no podía dejar pasar la oportunidad.

Me puse de pie y, haciendo equilibro para no caerme, otra vez ante la mirada extrañada de mis compañeros de viaje, le hice un gesto al soldado que estaba con la ametralladora al final del helicóptero.

—¿Puedo ir contigo? —le grité en inglés.

Obviamente, dado el sonido ensordecedor del motor y de las aspas del helicóptero, no me escuchó.

Al verme con el chaleco antibalas, las gafas antifragmentación y la cámara en la mano, comprendió mis intenciones. Sonriente, me hizo un gesto para que me acercara.

La puerta trasera del Chinook permanecía abierta durante los vuelos para que la ametralladora de calibre 50 pudiese disparar en un radio de 180 grados. A los talibanes les encantaba esconderse entre las rocas y lanzar RPG hacia esos autobuses voladores que movían al despliegue militar de la OTAN de base en base.

Las mayores bajas entre las filas de EE. UU. en Afganistán habían sido consecuencia de disparos que habían dado en helicópteros. Por lo que aquella ametralladora, así como las dos que asomaban en la parte delantera de la aeronave en la que ahora estaba volando, tenían su razón de ser.

El soldado me pasó un gancho. Me aseguré a su lado, con los pies colgando sobre las montañas de Afganistán. Empecé a grabar. Para dar menos posibilidad de reacción a los milicianos pastunes, los Chinook realizaban el trayecto pegados a la superficie de las montañas. Algo que daba vértigo pero que ayudaba a que no nos vieran venir.

Intentando que no se me escapase la cámara de las manos para terminar a miles de metros estampada contra el suelo, lo que sería un pésimo comienzo en mi primera misión junto al ejército de EE. UU., la miríada de sensaciones resultaba imposible de digerir.

El calor que asciende de la tierra, desde los lomos de esas montañas de color ocre cuyo contorno vamos siguiendo. El olor del metal de las balas, de la ametralladora, de la gasolina, del sudor de mi propio cuerpo bajo el chaleco antibalas, con la camiseta térmica que llevo debajo empapada, tras días sin ducharme.

Un torbellino de sensaciones, de estímulos, que colapsan mi capacidad de digerirlas. La infinita libertad, la inmensurable belleza del paisaje y el miedo atroz, que repta en mi interior, a que aparezca de la nada un hombre vestido de negro, grite *Allahu akbar* y nos dispare con su RPG o con su ametralladora *Dushka*.

Tras pasar por varias bases, llegamos a mi destino. Nadie me lo dijo. Lo supe porque leí el nombre del destacamento en un cartel. Le di las gracias al artificiero, cogí mi bolso y descendí.

Así comenzaron las semanas junto a los miembros de la 101 División Aerotransportada, aquel mítico cuerpo del ejército de EE. UU., que también se hizo famoso en su defensa de la ciudad de Bastogne ante la última ofensiva de Hitler en las Ardenas.

Fernández como mi improvisado guía, las noches sin dormir por el sonido de los morteros, las palizas que me daban en el *Call of Duty* y las salidas diarias en los blindados para adentrarnos en territorio talibán.

Fueron muchas las dudas que me asaltaron a lo largo de aquella estadía.

No me permitían asistir a las reuniones en que los oficiales informaban a los subordinados acerca de las misiones que iban a realizar. Sin embargo, el soldado de veintidós años que estaba al frente de nuestra unidad, cuyo nombre era Ben, me las describía para que pudiera decidir si los acompañaba o si me quedaba en la base practicando con la PlayStation para que sus victorias no fueran tan humillantes.

A todas terminé diciendo que sí, aunque a veces Fernández, con su habitual candidez a la hora de manifestar sus miedos, me hacía darle vueltas al asunto más de lo necesario.

Inclusive me sumé al operativo en el que participaron fuerzas especiales, aviones A-10 Thunderbolt y helicópteros Apache para capturar de madrugada a un líder de los talibanes, aunque desde el principio me dijeron que no podía llevar la cámara, pues no solo tenía prohibido grabar a los comandos estadounidenses, tampoco a los prisioneros de guerra.

Al ver salir al hombre de su casa, vendado, con las manos atadas, con su familia llorando detrás, me pareció que aquel despliegue de poder armamentístico, aquella misión secreta, planificada hasta el último detalle, solo había servido para coger a la persona equivocada.

El razonamiento era el mismo que cuando el taxi me dejó frente a la base de Bagram: si había insistido tanto para que me dejaran sumarme a la 101 División Aerotransportada, si había estado meses martilleando a través de correos electrónicos dirigidos al Pentágono, no valía echarme atrás, vacilar, hacer las cosas a medias, por más miedos que tuviera, por más ilógicas que aparentasen ser algunas de mis decisiones.

Algo similar a lo que me ocurría en cada guerra. Cuando después de golpear tanto las puertas me dejaban finalmente entrar a Somalia, Gaza o las montañas atiborradas de milicianos del este del Congo, no podía más que apretar los dientes, acallar la mente y tirar hacia delante.

*Alea iacta est.*

Una de las claves, cuando se presenta una oportunidad y dudamos en qué dirección debemos progresar, es evitar que las opiniones de los demás te influyan. Muchos de esos consejos pueden tener buenas intenciones, pero no dejan de proyectar lo que la otra persona quiere para ti.

Con cincuenta años, y tras haber pasado décadas dando tumbos por el planeta, aún mi madre me suelta de vez en cuando que debería buscar algo más estable.

—Creo que serías un buen profesor universitario.

Me tomo sus comentarios como gestos de amor. Bastante ha sufrido sabiendo que su hijo estaba perdido en algún conflicto armado. Con mucha delicadeza le explico que me es imposible ceñirme a una rutina, a un horario, por eso nunca he tenido un empleo o un jefe.

Sería un profesor interesante la primera semana. Tantas anécdotas absurdas que contar. Nos echaríamos unas risas. La segunda semana, un profesor intermitente, que llega tarde, que se ausenta. La tercera semana, un profesor en paro.

En este sentido, lo fundamental es que el paso que das cuando se levanta esa barrera esté alineado con tus valores, con tus anhelos, con tus sueños.

Aislarte del ruido externo para encontrar la señal interna, para escucharte a ti mismo.

¿Qué quieres? ¿A qué aspiras?

No he nacido para dar clases, aunque me paguen una fortuna.

Espero que en Harvard no se lo tomen a mal.

Por otra parte, una vez que has dado el paso, intenta mitigar el pánico escénico, las trampas que te hace la cabeza, el instinto natural de querer avanzar en la dirección contraria.

¿Lo haré bien? ¿Qué pasa si me equivoco?

Como seguramente no estés a punto de descubrir la vacuna contra el cáncer de colon, lo más probable es que nada suceda, que el error que hayas cometido no cambie un ápice el destino de la humanidad.

No hará falta que te pases el resto de tu vida caminando con una bolsa en la cabeza por la Gran Vía para que nadie te reconozca.

En el fondo, somos muy poco relevantes, un parpadeo en millones de años. Aunque le disguste a nuestro ego, esa es la verdad. Sacarse esta losa de encima ayuda a vencer los miedos y a encontrarse.

Se preocupa por nosotros la gente que nos estima, algunos amigos y poco más. A ellos, a los que realmente nos quieren, lo que les importa es que seamos personas íntegras, que estemos ahí para cuando nos necesiten, no lo que hagamos o dejemos de hacer.

A mi madre le da lo mismo si ruedo películas, si soy profesor universitario o panadero. Me dio a luz. Me quiere ver tranquilo. La entiendo. Sin embargo, esas son sus aspiraciones, no las mías.

Por eso, el camino que vayas a seguir tiene que ser por ti y para ti. Es algo íntimo que no puede estar condicionado por la mirada ajena.

No somos el centro del universo.

Estamos aquí para experimentar, equivocarnos y aprender.
No para satisfacer la opinión de los demás.


Con respecto a las equivocaciones, solo puedo afirmar que una vida cometiendo errores me parece mucho más rica que una vida sin arriesgar nada. La lógica es la siguiente: si no lo intentas, no te equivocas. Y si no te equivocas, no evolucionas.

Tesis, antítesis y síntesis.

Si no das el paso, ¿cómo creces a nivel laboral, espiritual, emocional? Si estás apoltronado en tu zona conocida, ¿cómo sabes cuánto eres capaz de dar? ¿Cuáles son tus potenciales? ¿Qué es lo que realmente quieres?

Claro que abandonar ese caparazón implica enfrentarte a tus temores, a tus inseguridades, pero estas son las reglas del juego. Si quieres más de esta extraña experiencia llamada vida, es lo único que puedes hacer.

Lanzar de vez en cuando la moneda al aire.

Si el resultado no es el que buscabas, te levantas, te sacudes el polvo de la ropa, pones cara de disimulo, analizas en qué has fallado y vuelves a empezar. De hecho, aprendes más cuando fracasas que cuando das en la diana a la primera.

Si te sirve para no procrastinar, para contar con más argumentos a favor de que no debes ignorar las oportunidades que se te presentan, recuerda que el propio hecho de que puedas elegir resulta un privilegio dada la realidad del mundo.

¿Te crees que alguien que nace en un barrio de chabolas en Lagos, en Bombay o en Brasil puede preguntarse qué quiere hacer? ¿Crees que va a dudar en el momento en que tenga la más mínima ocasión de estudiar, trabajar, viajar, fallar y volver a empezar, para salir adelante?

Cuando lo tengas claro, cuando vislumbres la salida que lleva a la autopista principal, avanza sin pensarlo, sin mirar para atrás.

Lo que tenga que ocurrir será bienvenido.
Nada tienes que perder.
Todo por ganar.
*Alea iacta est.*

# Fumando porros con Pol Pot

## *No hay reglas*

*Camboya, 1996*

Apenas salimos de Phnom Penh, la capital del país, nos encontramos
con un puesto de control. Varios hombres con uniformes verdes y raí-
dos, uno de ellos con una pierna ortopédica metálica, nos esperaban.

Tenían fusiles AK-47.

Era mi primera vez en una zona de conflicto armado. En el norte
permanecía atrincherado el genocida Pol Pot con su ejército, los jemeres rojos, mientras que el resto del país lo controlaba el Gobierno
central.

Para impedir que los vehículos avanzaran por la carretera, aquellos paramilitares habían colocado cañas de bambú a modo de barrera. Habían creado su propia frontera.

Uno de ellos se acercó con cierta desidia hacia nuestro coche, el
fusil colgando del hombro, mientras que los demás permanecían
sentados en sillas de plástico. Fumaban y nos miraban desde la distancia. En el suelo había botellas vacías de cerveza.

Mi conductor bajó la ventanilla. Le dio unos mugrientos billetes
al jefe de aquella frontera que dividía en dos el camino. El hombre
miró el dinero. Nos miró a nosotros: los dos blancos que íbamos en
el asiento trasero del coche.

Hizo un gesto negativo con la cabeza.

Mientras abría el monedero para darle otro billete, el conductor empezó a quejarse en jemer. Tenía la típica voz aguda y oscilante de las gentes de esa parte del mundo, pero no por ello menos cabreada. Supongo que le estaba diciendo: «Si siempre me cobras 15 rieles, no seas cabrón y me cobres más porque llevo a dos extranjeros».

Detrás nuestro, alguien hizo sonar el claxon con impaciencia. Me di vuelta. Era un minibús que se caía a pedazos y en el que los locales viajaban abarrotados. En el techo había cestas con gallinas, bolsas de granos. Uno de ellos, que iba colgando de la puerta lateral, también empezó a quejarse en jemer por la demora.

Aquella frontera, tan absurda como todas, estaba provocando un atasco.

El jefe de los paramilitares volvió a mirar el dinero. Por el gesto de su cara era evidente que aquello no le parecía suficiente —le estábamos dando menos de un dólar—, pero igualmente hizo una señal con la mano.

Uno de sus hombres, sin moverse de su sitio ni dejar de fumar, levantó la barrera.

Volvimos así a dar tumbos por las carreteras de este maravilloso país, que no solo eran de tierra, sino que estaban plagadas de cráteres como consecuencia de las décadas de conflictos armados. El viejo Toyota Corolla en el que nos desplazábamos se sacudía como una coctelera.

Durante el brutal enfrentamiento de EE. UU. contra Vietnam del Norte, Henry Kissinger ordenó bombardear Camboya. Nunca llegó a declararle la guerra. Fue una misión secreta. Los aviones de EE. UU. lanzaron más proyectiles sobre territorio camboyano que durante toda la Segunda Guerra Mundial. Lo explica de manera exhaustiva Christopher Hitchens en su libro *Juicio a Kissinger*.

A los pocos kilómetros de ir botando en el coche y tragando polvo, nos encontramos con otra barrera de bambú y otro grupo de maltrechos combatientes a los que pagamos para que nos dejaran seguir.

Calculo que cruzamos unos quince puestos de control de esta clase hasta llegar a nuestro destino. ¿Sus responsables? Militares retirados que organizaban esas fronteras para sacar algo de dinero. Muchos de ellos mutilados, con piernas ortopédicas o sin brazos. En total, le tuvimos que dar al conductor unos doce dólares extra por todas las mordidas que había pagado durante el camino.

Como me sucedería durante los siguientes veintidós años, pasé del miedo del primer momento a la necesidad imperiosa de sacar una foto a uno de esos chiringuitos. Esas dos fuerzas contrapuestas que siempre me han acompañado: contar la historia y tratar de evitar hacer el tonto y que me maten.

En uno de estos improvisados puestos de control, cuando el que se acercó al coche no me estaba mirando, asomé la cámara e hice varias tomas. Como usaba diapositivas, tendría que esperar a regresar a Bangkok para saber si las imágenes eran relativamente decentes y publicables. Lo fueron. Terminaron en un reportaje para el periódico *La Nación* de Argentina.

El problema fue que uno de los militares me vio. Exasperado, se puso de pie de un salto y avanzó hacia nosotros chillando en jemer. También en un tono agudo que no por ello ocultaba la indignación que sentía. Los demás lo siguieron.

Sí, la jugada me había salido mal. Todos estaban furiosos conmigo. Algo que también sería una constante a lo largo de las próximas dos décadas. Tengo una infinita capacidad para meter la pata y cabrear a la gente.

El conductor y el jefe de aquella cuadrilla de desdichados empezaron a discutir. Los otros rodeaban el coche y me señalaban con el dedo.

En un momento dado agarré la puerta, pensando con inocencia de principiante que con una sonrisa y alguna broma sobre Maradona podría relajar la situación. Llegado el caso, hasta estaba dispuesto a sacar el carrete de la cámara para dárselo si tan importante era proteger su derecho a la imagen y al honor.

El irlandés que viajaba a mi lado, empleado de la ONU, me cogió del brazo para frenarme y me dijo:

—Nunca te bajes del coche.

Con el tiempo comprendería que aquel consejo sería uno de los más valiosos que me han regalado en la vida. Tanto a nivel práctico, para sobrevivir en la guerra, como en lo filosófico, para tomar decisiones con independencia, sin condicionamientos.

En el momento que desciendes del vehículo estás validando aquella absurda frontera hecha con cañas de bambú. Estás jugando con las reglas establecidas por otros. Los estás empoderando y estás perdiendo libertad.

Al final, aquel teatrillo de los militares, tan ofendidos porque les había tomado un par de fotos, se solucionó como era de esperar: entregando otro puñado de mugrientos billetes.

Con los años, además de respetar la máxima de nunca bajarme del coche, desarrollaría otra técnica para sortear los cientos de puestos de control improvisados que me he encontrado en Somalia, el Congo, Afganistán, las favelas de Río de Janeiro y tantos otros sitios.

Nunca sabes quién ha hecho esa frontera. No tienes idea de si quien te espera es un talibán ansioso por secuestrarte o un miembro del ejército afgano que quiere sacarse un sobresueldo. También puede estar allí un miliciano congoleño, con su AK-47 y rodeado de cervezas entre los pies, borracho hasta las trancas y con ganas de divertirse un rato a tu costa.

Dale a un hombre un arma y una botella de alcohol y tendrás un demonio. Las mayores crueldades que he visto en la guerra han sido perpetradas por tipos ebrios y con un fusil en las manos.

El español Julio Fuentes murió justamente en 2001 en uno de esos puestos de control junto a la periodista italiana Maria Grazia Cutuli de Il Corriere della Sera. Viajaban de Pakistán hacia Kabul para cubrir la caída de los talibanes.

Grandísimo reportero del periódico El Mundo.

¿La segunda técnica para sortear un check point? Pasar por una casa de cambio en Madrid antes de irme de viaje y buscar a una cajera amable que me dé billetes de un dólar. Por lo menos cien. He recibido muchas miradas extrañadas, negativas, pero al final siempre lo conseguía.

—Es para dar propinas en los hoteles —explicaba yo, sonriente, tratando de proyectar mi mayor poder de seducción e inocencia.

En realidad, ese fajo de billetes de un dólar lo llevaba para tirarlo al aire en el caso de que la situación se complicase. Obviamente, primero le sacaba la cinta de goma que los aglutinaba.

Funciona de maravillas. Llueve dinero. Y los hombres armados, en un acto reflejo, no pueden evitar lanzarse a cogerlos.

Es entonces cuando le dices al conductor que apriete el acelerador y se lleve por delante la barrera de bambú o lo que sea que te esté bloqueando el paso. Si la frontera es más elaborada, tiene alambres de espino o estructuras de metal, entonces le pides que dé marcha atrás a toda velocidad como si estuviera en la vigesimoséptima entrega de *Fast and Furious*, película que nunca he visto pero que no hay que ser un genio para saber de qué va. Si es que va de algo más allá que de coches quemando neumáticos a lo tonto.

Como al genocida Pol Pot todavía le quedaban dos años de vida (murió en 1998 sin ser juzgado por sus crímenes), y seguía atrincherado con su ejército en la selva, mi miedo interno era que alguno de esos puestos de control, a medida que avanzábamos hacia el norte, estuviera bajo su mando. Si pudo llevar a la muerte a un millón de camboyanos sin pestañar tras la abrupta salida de EE. UU. de Vietnam en 1975, no quería imaginar lo que nos podría hacer a dos extranjeros sentados en la parte trasera de un destartalado Toyota Corolla.

Finalmente arribamos a nuestro destino, la ciudad de Siem Reap. Nos hospedamos en el único hotel disponible. Al día siguiente, salí a buscar historias con mi cámara. Quería contar la vida de los mutilados por las minas antipersona. Camboya era el país con mayor número de víctimas del mundo, por delante de Afganistán o Somalia.

De hecho, en la capital del país, había estado en las oficinas de Mine Advisory Group (MAG), una organización británica que se dedica a desactivar minas. Había quedado con ellos en que a la vuelta de Siem Reap los acompañaría en una de sus misiones para sacar fotos de su trabajo.

Eso nunca sucedería.

Uno de los hombres con los que había hablado, Christopher Howe, de treinta y siete años, sería secuestrado por los jemeres rojos cuando estaba en el terreno. Por órdenes directas de Pol Pot, fue ejecutado a los pocos días.

Reza Khan, que confesó haber matado a Fuentes y Cutuli, fue ejecutado en Kabul en 2007. La gran reportera española Mónica García Prieto, mujer de Julio Fuentes, abogaría para que Reza Khan cumpliera prisión perpetua en lugar de la condena a muerte. Años más tarde se casaría con Javier Espinosa, también periodista de *El Mundo*, que sería secuestrado por el ISIS en Siria.

Por la tarde me encontré con el irlandés de la ONU con el que había compartido el trayecto desde Phnom Penh. Estaba en la terraza del hotel bebiendo cerveza junto a otro irlandés. Ambos tenían barba, cierto sobrepeso y unos cuarenta años. Me invitaron a sentarme.

Tras un rato de conversación, en la que yo asentía con la cabeza pues era mi primer encuentro con ese acento plagado de letras T que tanto me costaba entender, uno de ellos comenzó a liarse un porro largo y abundante nivel Bob Marley.

Lo fumamos.

Me propusieron ir con ellos a ver el atardecer desde lo alto de uno de los templos de Angkor Wat. En 1996, aquel complejo de monumentos, una de las maravillas de la humanidad, estaba cubierto de vegetación, pues nadie lo había cuidado durante las décadas de guerra contra EE. UU., genocidio de los jemeres rojos, posterior invasión vietnamita y guerra civil. Sus caminos estaban plagados de minas antipersona. Así que solo podías acercarte con un guía.

Angkor Wat no se había convertido aún en la Disneylandia que es hoy, donde no puedes dar un paso sin encontrarte un turista chino tomándose un selfi bajo un paraguas.

Ante mi preocupación, uno de los irlandeses me dijo que estaba todo bien, que conocía el camino. Llevaba allí meses haciendo no sé qué cosa para la ONU en Siem Reap.

—No hay problema, sé por dónde ir.

Al avanzar por la selva y encontrarme con aquellas caras de sonrisa contenida talladas en piedra, me sentí extasiado. Mucho más aún cuando empecé a vislumbrar entre la vegetación las torres de aquel complejo religioso construido en el siglo XII. Fue mi momento Marlon Brando en *Apocalypse Now*. Aquello era un prodigio arquitectónico a la altura de las pirámides de Egipto o del Machu Picchu.

Caminamos entre hileras de estatuas, nos metimos por túneles, y llegamos a los pies de una de las torres. Sin mayores preámbulos, los irlandeses me dijeron algo que no entendí y se lanzaron a trepar por las piedras. Ninguno de los dos estaba en forma. Al contrario, las barrigas les asomaban por debajo de la camiseta. Así que, con veinticuatro años, joven y en forma, no lo dudé y me lancé a seguirlos.

Las vistas desde lo alto eran formidables. Teníamos a pocos metros las puntas escarpadas de los otros templos, la selva que nos rodeaba y el sol al fondo que se sumergía en el horizonte.

Uno de los irlandeses lio otro porro. Lo fumamos. Estábamos en la gloria. Atrás quedaba el estrés del viaje del día anterior y el dolor de las entrevistas que había hecho a la gente mutilada por las minas aquella mañana.

Una vez que el sol se puso, los irlandeses empezaron a bajar. Yo estaba tan mareado por la marihuana que, cuando me puse de pie y miré al vacío, sentí una sensación brutal de vértigo y me abracé a una roca. Les grité para que me esperaran. Me respondieron algo que tampoco comprendí.

Maldito acento irlandés.

Se hizo de noche. Estuve un largo rato debatiéndome qué hacer: Si esperar al día siguiente sin moverme del sitio, la opción cobarde.

Si lanzarme a lo loco y que quede todo en manos del destino, la opción delirante.

Joder, con lo bien que estábamos hace veinte minutos. ¿Cómo me he podido quedar varado de esta forma? ¿En qué instante ha bajado la marea y mi barco se ha encallado en la arena? Me sentía Ed Viesturs en la cima del K2, sin sherpas y perdido en una tormenta de nieve.

Al final, respiré hondo y fui descendiendo piedra a piedra, parando cuando el vértigo se apoderaba de mí. Hubo rocas a las que abracé con tanta pasión que, de haber estado un rato más, podría haber surgido el amor.

El trayecto se me hizo eterno, aunque vistas en días posteriores las torres no eran tan altas. Una vez en tierra, no sabía qué camino tomar. Así que avancé lentamente por donde me parecía que habíamos venido. No me fuera a encontrar con un explosivo enterrado en el suelo.

Desconozco cuánto demoré, pero en un momento dado aparecí en una calle. Pasó un mototaxi. Lo paré con desesperación. Volví al hotel cogido de la cintura del conductor.

Mi salvador.

Una vez que entré a la recepción, no había rastro alguno de los irlandeses. Como al día siguiente se levantaban temprano, y llevaban un colocón monumental, seguramente ya estaban desmayados en sus habitaciones.

Una semana más tarde, regresé a Phnom Penh para seguir con el reportaje sobre las víctimas de las minas. En el trayecto de vuelta, otra vez nos pararon en unos quince puestos de control. No saqué la cámara. A medida que nos alejábamos del norte, comencé a sentirme más tranquilo.

Como escribí en la introducción, la guerra te brinda una visión muy poco convencional sobre la realidad. La mirada lateral. Comprendes que creaciones como las fronteras son meras arbitrariedades. Pocos ejemplos más claros que las cañas de bambú colocadas por esos paramilitares en las rutas de Camboya.

Están ahí porque alguien, que no eres tú, se ha levantado una mañana, ha hablado con sus colegas del pueblo y juntos han decidido poner una barrera frente a alguna hondonada de la carretera para ver si rascan unos billetes.

En la búsqueda de tu propio camino, todas esas lindes que trazan los demás pierden su poder cuando cambias el lugar desde el que las contemplas.

En un conflicto armado es fácil. Son tan ridículas que las cuestionas con facilidad. Sin embargo, también puedes hacerlo en la parte rica del mundo. Fronteras, religiones, banderas, himnos, normas... no son menos arbitrarias que las cañas de bambú colocadas por un grupo de desdichados en Camboya.

Este entendimiento es muy liberador.

No hay reglas, solo las que tú escojas, las que tú te inventes, las que respondan a tus valores. Estás en tu coche y tiras para adelante. Al carajo con todo. Una lluvia de billetes de un dólar. Un guardia que te mira pasar con cara de pánfilo mientras recoge el dinero. Lo demás son criaturas extrañas pergeñadas por otros, algunas veces con la única intención de enfrentarnos para someternos.

La creación de la línea que divide a Corea del Norte de Corea del Sur lo dice todo.

Al día siguiente de terminar la Segunda Guerra Mundial, los soviéticos empezaron a avanzar desde Manchuria hacia el sur. Alarmado ante la posibilidad de que conquistaran la península coreana, que es un punto estratégico crucial en Asia, el general Marshall les pidió a dos jóvenes oficiales de su gabinete que buscaran una frontera, la que fuera.

El mismo Marshall al que esperaba Berlanga y que, además de ganar la contienda a los nazis, puso en marcha un plan para la recuperación económica de Europa.

Según cuenta en sus memorias, el coronel Dean Rusk corrió desesperadamente en busca de un mapa de Corea. Como no lo encontraba, se puso a revisar ejemplares de la revista *National Geographic* hasta que dio con uno muy pequeño.

Durante las siguientes horas, se encerró con otro oficial, Charles «Tic» Bonesteel, para dar respuesta al pedido de Marshall. Ninguno de los dos muchachos era experto en la región. No veían río o cadena montañosa de importancia.

Lo que sí les llamó la atención fue el paralelo 38, que más o menos, si se miraba de lejos y con generosidad, podía servir para solucionar el asunto de manera salomónica, dejando a Seúl en manos de los estadounidenses. «No tenía sentido ni a nivel geográfico ni económico», recuerda Rusk, «pero es lo único que se nos ocurrió».

Para sorpresa de todos, Stalin aceptó la propuesta. El Ejército Rojo llegó hasta el paralelo 38. En realidad, lo que le importaba al dictador soviético era afianzar el poder comunista sobre la parte de Europa que con habilidad le había ganado Roosevelt y Churchill tomando el té en las conferencias de Teherán y Yalta.

El paralelo 38 sigue siendo hoy la línea más militarizada del planeta. Cuatro millones de personas murieron en la guerra que generó aquella demarcación en 1950. Familias que aún hoy continúan separadas.

Así de circunstanciales e irracionales son los ásperos contornos que fraccionan a la humanidad, ya sea un puesto de control militar, la frontera entre países, una ideología política, una religión que proclama tener la verdad absoluta negando al resto porque lo afirma un libro escrito hace tropecientos años.

Por cierto, la línea que cercenó a Vietnam en dos fue el paralelo 17, aunque Ho Chi Minh sí logró negarle su poder al ganar la guerra al corrupto ejército del Sur y a los estadounidenses, con Jimi Hendrix a modo de banda sonora y con la llegada al poder del genocida Pol Pot en la vecina Camboya como una de las consecuencias más nefarias.


En estos años que llevo a tiempo completo en Europa, me frustra la cantidad de líneas ausentes de sentido que hay por doquier.

«No puedes rodar en la calle sin pedir permiso al Ayuntamiento, pagar un canon, notificar con un mes de antelación».

¿Por qué?

Si solo quiero contar una historia.

¿Es acaso el Ayuntamiento el dueño del aire, de las casas, de la gente? Esto estaba mucho antes de que llegara cualquier alcalde. Antes inclusive del que esperaba a Mr. Marshall.

«Según Hacienda, deberías haber emitido la factura el sábado a las 22.22 de la noche, con el concepto de «Rodaje en vía pública», aunque no sabemos si te la van a dar por buena».

¿De verdad?

Solo intento hacer lo que amo, no perder horas con tablas de Excel para justificar cómo me gasto el dinero que yo mismo me he ganado. La vida es demasiado corta para desperdiciarla de esta manera.

«El perro no puede entrar a la playa».

Vale, vosotros os habéis podido cargar todos los humedales, matar a la fauna autóctona. Habéis construido esos edificios horteras sobre la arena, en lo que hace unas décadas debía ser un paraíso, para que se llene de turistas con bolsas de plástico, que compran porquerías por un euro traídas por AliExpress, y ahora resulta que mi perro Joy está prohibido.

Vosotros deberíais estar prohibidos.

¿Mirada lateral?

En plena forma.

Harto de las barreras que encuentro a cada paso, como las que me separaban de la base de Bagram o de llegar al norte de Camboya, porque me distraen, me aturden, me desconectan de mí mismo, me hacen perder nuestro bien más preciado: el tiempo.

Claro que no queremos una sociedad sin ley. He pasado largas temporadas en Somalia y no lo recomiendo. Por supuesto que debemos ordenarnos de alguna manera, pero algo muy distinto es esta maraña de barreras.

Creo que nos hemos pasado de frenada.

«Debes tener al menos cinco seguros. Hogar, coche, vida, salud, responsabilidad civil y, te recomiendo, el del perro. Además, un plan privado de pensiones, porque el Estado no te va a pagar la jubilación».

¿Si a la guerra nunca he ido con seguro? Nadie te cubre en Afganistán, el Congo o Gaza.

«Es indispensable para que te podamos dar el crédito».

Fantástico, además de perder horas rellenando vuestros formularios, estoy haciendo ganar dinero a otros con mi oficio, los que se inventan estas reglas. Pues después deberé pagar al notario, al registro estatal de lo que sea, la bendita comisión de apertura y las mordidas cuatrimestrales que me coláis apenas me distraigo.

¿Sabéis qué? A veces extraño la guerra. No el sufrimiento de la gente, que es terrible y desgarrador, pero sí la libertad que me daba estar allí. Al menos, las reglas las inventaba yo a cada momento.

No estoy abogando por que dejes de cumplir con tus obligaciones impositivas, pues estas sufragan las carreteras, los hospitales, la educación pública. Equilibran las desigualdades sociales cuando son bien empleadas. Tampoco te estoy alentando a que intentes subir a un avión sin pasaporte, en especial si viajas a EE. UU.

Suerte con eso.

Lo que quiero es que evites que ese crucigrama de normativas, restricciones, imperativos morales, sociales, culturales, interfiera en la búsqueda de tu propia esencia, en la forja de tu propio destino. Que no te confunda, que no confabule para hacerte sentir limitado, constreñido, atrapado. Que no te quite brío a la hora de actuar.

Súbete a ese muro, mira por encima de él con libertad, sin ataduras, con la perspectiva del tiempo, con la mirada lateral de la guerra, para luego crear tus propias reglas.

Sonríe, como lo hacían las estatuas de Angkor Wat que me observaban aquella tarde de manera tan intrigante.

¿Qué me querían decir?

No lo sé.

Quizá se estaban riendo por dentro de cuánto nos gusta complicar lo sencillo, postergar lo fundamental y perdernos en banalidades.

Jugar a que somos inmortales.

# No son balas, son velas

## *Evita el sufrimiento preventivo*

*Nairobi, 2008*

En aquella sórdida habitación del aeropuerto de Nairobi, el altísimo masái de uniforme azul no daba su brazo a torcer. Quizá porque tenía unos brazos larguísimos, que le asomaban por debajo de la chaqueta como un espantapájaros. Acompañado por dos policías, insistía en su argumento. El lugar apestaba a sudor y encierro.

Yo, que me encontraba sentado en una silla, rodeado por mis maletas y extenuado por el viaje, intentaba hacerlo entrar en razón. En la mesa, resplandecientes, las pruebas de mi delito.

—Son un arma de guerra.

—No son un arma de guerra.

—Son un arma de guerra.

—No son un arma de guerra.

—Son un arma de guerra.

—A mí me habían dicho que eran portavelas. Las uso de portavelas.

—Son un arma de guerra —insistía el masái como un disco rayado de Papa Wemba, el padre del soukous, la rumba congoleña. Mi música favorita del continente.

—Pero si solo son las vainas de los proyectiles. No tienen munición. No explotan. No pueden hacer daño a nadie.

—Son un arma de guerra para un fusil o una ametralladora.

—Lo sé. Una ametralladora de calibre 50. Pero se lo repito, son solo las vainas. La parte de afuera. Las utilizo para colocar velas. No tienen nada dentro.

—Son un arma de guerra.

—No lo son. Se las puedo arrojar a alguien con la mano. Poco más.

—¿Cuál es su plan? ¿Cazar ilegalmente elefantes?

—Soy vegetariano.

—¿Cruzar a Somalia y sumarse a Al Qaeda?

—Creo que me secuestrarían y me cortarían la cabeza. Soy europeo, cristiano de nacimiento, pero si usted cree que me recibirían con los brazos abiertos...

—Hay un estadounidense que está haciendo la yihad con ellos.

—He visto sus vídeos rapeando en internet. Omar Hammami. Canta fatal. Soy periodista, se lo vuelvo a decir. He estado en Kenia más de cincuenta veces. Amo este país.

—Son un arma de guerra.

—Vale, son un arma de guerra. Enhorabuena, ya pueden decir que han capturado a Bin Laden. Recién afeitado, un poco más joven por la cirugía, pero aquí me tenéis. Llamad a la CIA.

Al masái no le hizo gracia.

—Esto es muy serio. Por traer ilegalmente un arma de guerra a Kenia la pena llega hasta veinte años de cárcel. Un delito de tráfico de armas.

Me quedé en silencio.

Se me acabaron las ganas de hacer bromas o de intentar razonar con aquellos hombres.

Veinte años.

Estaba en estado de shock y no sabía qué otro botón tocar. Desde que me habían cogido por los brazos en la cola de migraciones del aeropuerto de Nairobi, lo había intentado todo: sonreír, chapurrear suajili para hacerme el simpático, ofrecer veladamente un soborno.

Aquel masái y los dos policías que lo acompañaban eran un frontón de pelota vasca. No había forma de encontrar fisura alguna para salir del lío en el que me había metido.

Todo por dos vainas de munición de ametralladora que los soldados de la 101 División Aerotransportada de EE. UU. me habían regalado como despedida en Afganistán.

¿Qué es una vaina? Es la cobertura metálica de una bala. Dentro va el explosivo, el percutor y todo lo demás. Lo que se llama también casquillo.

Es cierto que estas vainas, al ser de la ametralladora que llevan los blindados de EE. UU. en sus torretas, son bastante grandes. Miden unos seis centímetros de alto. Resultan amenazadoras, sobre todo cuando las ves salir disparadas una tras otra hacia algún desdichado talibán, pero también son perfectas como portavelas. Os lo comento por si algún día alguien os detiene en un aeropuerto con un par de ellas.

Nunca se sabe.

La historia es que mi vida en aquellos años era tan frenética, me pasaba todo el día de avión en avión, que las puse en un compartimento oculto de la maleta cuando volví a Madrid después de estar en Afganistán... Mi casa está llena de casquillos, flechas, cuchillos, cascos, trozos de minas, escudos... que he recogido a lo largo del tiempo. Con un rotulador negro indeleble, les pongo la fecha y el sitio donde las recogí.

Un lamentable caso de fetichismo bélico. Tengo que hablarlo con mi terapeuta, Marian Rojas Estapé.

Cuando semanas más tarde partí hacia el Congo, con Kenia como destino intermedio, me olvidé de que estaban allí.

Lo mismo me pasó con unos gramos de cocaína que un amigo me dio en Buenos Aires. Hace quince años que no tomo alcohol ni drogas, y odio la cocaína en particular, pero por alguna estúpida razón la guardé en el compartimento secreto de mi maleta. Diez meses y veinte aeropuertos más tarde, limpiando mis cosas, descubrí que aquella bolsita seguía allí.

En esta ocasión, no tuve la misma suerte.


El masái cogió las dos vainas de metal dorado que estaban en la mesa, las metió en una bolsa de plástico, como si estuviera en un capítulo de *CSI*, serie que nunca he visto, y sentenció:

—Vamos a llamar al juez para que inicie el procedimiento penal y usted sea trasladado a una prisión en Nairobi.

Se fueron.

La puerta se cerró.

No voy a negar que me entró miedo. Si hubiese sido cualquier otro estado africano, habría estado menos intranquilo. Un poco de dinero aquí y allá. Todos felices. Todo solucionado. «Sí, son portavelas, por supuesto, señor. Muy originales. Que tenga una buena estancia en nuestro país».

Sin embargo, Kenia es un lugar serio. Son gente amigable, fantástica, mi destino favorito del continente. Nada mejor que volver de una larga temporada en Sudán, Somalia, el norte de Uganda, Etiopía o el Congo, salir del aeropuerto y pedirle al taxista que me lleve al hotel Hemingway en el barrio de Karen.

El barrio se llama así por Karen Blixen, la autora de *Memorias de África*. Su casa sigue allí. Las vistas del Valle del Rift son extraordinarias. Como Nairobi es la única ciudad del mundo con un parque natural, puedes ver desde la habitación leones, jirafas, gacelas, cebras...

Además, la zona cuenta con un par de centros comerciales donde recuperas la sensación de estar de vuelta en la civilización. Comida sana, tiendas de ropa, lavanderías y una librería regenteada por una familia paquistaní, que tiene filas y filas de obras sobre África. Un sitio que amo.

Mi centro comercial preferido en Nairobi es Westgate. No queda cerca del barrio de Karen pero vale la pena el trayecto para tomarse un café en el Java House y leer un buen libro en su terraza.

En 2013, miembros de la milicia somalí Al Shabab lo tomaron con fusiles AK-47, granadas y chalecos con explosivos. El sitio de Westgate duró cuatro días. Los somalíes mataron a setenta y dos personas. El país se escandalizó cuando imágenes de las cámaras de seguridad mostraron que los policías que entraron a rescatar a los supervivientes aprovecharon para saquear las tiendas.

¿Qué es Al Shabab?

Tras catorce años de guerra civil, Somalia vivió un tiempo de relativa paz en 2006. La Unión de Cortes Islámicas se colocó al frente del país poniendo fin a la sangrienta lucha entre clanes. El problema fue que a George Bush no le gustó nada que Somalia estuviera bajo el mando de patriarcas islamistas, que habían impuesto la *sharia*, así que pidió a Etiopía que lanzara una invasión.

Al igual que en Irak, el remedio fue peor que la enfermedad. Así como la expulsión de Sadam Husein terminó creando el ISIS, la desaparición de la Unión de Cortes Islámicas dio lugar al nacimiento de un grupo armado llamado Al Shabab, que quiere decir «los jóvenes». Un movimiento islamista mucho más radical. Lapidaciones públicas por adulterio, amputación de manos por robo, prohibición absoluta de música o televisión. Llegaron a controlar el 90 % del país y juraron lealtad primero a Al Qaeda y luego al ISIS.

Al Shabab tuvo mucho predicamento entre los islamistas de medio planeta. Cientos de somalíes nacidos en EE. UU. viajaron para sumarse a esta nueva lucha. La mayoría partieron del estado de Minnesota, epicentro de la diáspora. También llegaron voluntarios de Yemen, Afganistán, Chechenia...

Hubo un personaje inesperado entre los que respondieron a esta convocatoria a la yihad: Omar Hammami. Un estadounidense de madre protestante y padre sirio que dejó a su mujer y se fue a Somalia. Encargado de la propaganda de Al Shabab, llevaba la cuenta de Twitter @HSMPress (acrónimo de Harakat al-Shabaab al-Mujahideen, que es el nombre completo de la milicia armada) y colgaba en YouTube vídeos cantando hip hop en inglés con los que intentaba atraer nuevos seguidores a la causa.

Su mayor éxito fue *Golpe a golpe.*

*Bomba a bomba,*
*Explosión tras explosión,*
*Vamos a recuperar nuestro glorioso pasado.*

Entonaba estas canciones casi susurrando, en inglés, con el mismo talento que un borracho a las cinco de la mañana en un karaoke o en el Tony II. Su nombre de guerra, o artístico en este caso, era Abu Masur al-Amiriki (Abu Masur el Americano).

A pesar de lo bizarro del asunto, otra de sus canciones tuvo también millones de escuchas.

Se titulaba *Haz la yihad conmigo.*

*Ataca América ahora, martirio o victoria,*
*Vamos a conquistar Nairobi y Addis,*
*El paraíso está dentro,*
*Vamos, hermano musulmán, trae tu dinero o tu vida.*

En 2012, los líderes de Al Shabab se cansaron de Omar Hammami. Lanzaron un tuit en el que decían que «es un narcisista que solo busca hacerse famoso a costa de la yihad en Somalia». Siempre tuve la sospecha de que, en realidad, lo querían matar por lo mal que cantaba.

El líder supremo de Al Shabab, Ahmed Godane, lo mandó asesinar. Dubitativo, Hammami se escondió y trató de negociar con sus compañeros de armas. Luego se dio a la fuga y se puso en contacto con la CIA. Quería salir de Somalia para volver a EE. UU.

Nunca logró llegar a cruzar la frontera con Kenia, donde agentes secretos estadounidenses lo estaban esperando en 2013.

Pasé dos horas encerrado en aquella habitación del aeropuerto de Nairobi. Dos horas que se me hicieron eternas. No sé si fue consecuencia del cansancio acumulado, pero me sumí en la más absoluta de las derrotas, cuando normalmente se me da muy bien cruzar fronteras. Me veía pasando los próximos veinte años en una prisión de Kenia.

Para peor, no tenía tarjeta SIM para llamar al consulado. Además, me imaginaba la comunicación con la persona que estuviera al otro lado de la línea de emergencia a esas horas de la noche.

—Consulado italiano, ¿dígame?

—Llamaba porque me han detenido en el aeropuerto de Nairobi.

—¿No tenía visado? ¿La vacuna de la fiebre amarilla?

—Traje de Afganistán dos casquillos de ametralladoras de seis centímetros de alto. Ya les expliqué que son portavelas, pero no me creen.

—Eso es un arma de guerra. ¿Está usted loco?

Pues nada.

Dos horas en las me hundí psicológicamente como pocas veces me había pasado. No atisbaba salida alguna. Víctor, uno de mis amigos españoles que viven en Nairobi, había coincidido una vez con el presidente del país: Uhuru Kenyatta. Llegado el caso, quizá pudiera interceder. El problema era que el presidente estaba en búsqueda y captura por la Corte Penal Internacional como consecuencia de las matanzas en Kenia de 2007. Las relaciones con Europa no se encontraban en su mejor momento.

Mi cabeza daba vueltas y vueltas. Me torturaba a mí mismo proyectando al futuro escenas terribles de una película que, al menos hasta el momento, estaba solo en mi imaginación. No ver a mi familia, sufrir más enfermedades aún de las que ya había padecido.

Perder en buena medida mi carrera. Una cosa es que como reportero te secuestren o te peguen un tiro, lo que te convierte en un héroe, sales en todas las portadas, en los telediarios; otra cosa distinta es que te detengan por llevar balas. Pues esa era la versión que iba a llegar a los medios en España. Nada de portavelas. Eso si la cuestión no se magnificaba en el camino y lo que salía publicado eran dos cajas de munición, diez ametralladoras y dos lanzagranadas. La prensa y la policía podían decir lo que quisieran.

«Hernán Zin, traficante de armas».

Todo por dos ridículos cilindros de metal dorado. En realidad, por mi estupidez supina.

Cuando aquel altísimo masái de uniforme azul regresó, noté una energía distinta. Venía sin los policías. Entonces me vine arriba. Me dije que cara a cara, solos, podría remontar la partida.

Discretamente, saqué de la mochila los fajos de un dólar que siempre me acompañan. No iba a tirarlos al aire y salir corriendo. Ese no era el plan. Decidí contarle la verdad y buscar alguna conexión emocional.

—Mire, soy reportero de guerra. He estado en muchísimos conflictos armados.

Encendí el móvil y empecé a mostrarle fotos. En la primera, aparecía en la puerta de un blindado MRAP junto al cabo Fernández. Ambos con nuestros chalecos antibalas. En la segunda, estábamos dentro del cuartel jugando al *Call of Duty*.

—Las vainas me las regalaron estos soldados estadounidenses con los que estuve en Afganistán. Una tarde, después de una misión, me preguntaron si quería disparar. Les dije que sí. Entonces fuimos al campo de tiro de la base, cogí la ametralladora e hice un par de disparos. También con el lanzagranadas M203. No me gustan las armas, pero me quedé las vainas como un recuerdo. Esos soldados están luchando contra Al Qaeda y los talibanes.

El hombre seguía sin decir palabra. Pasé a otras fotos. Levanté el teléfono móvil.

—También vine a Kenia durante las matanzas del año pasado. Estuve en Kibera durante los tiroteos. Estuve por todas partes. Amo este país y me dolió mucho lo que pasó, toda la gente que murió.

—Sí, fue terrible —musitó.

Lo tenía. Estaba más cerca. Como era masái, supuse que estaría del lado de los luo y los kalenjin, en aquella guerra entre tribus. Pues los tres grupos son de origen nilótico.

—Aquí estoy en Chepilat. —Pasé otra foto—. Con los kalenjin que lucharon con sus arcos y flechas contra los kisii. Fueron muy valientes.

El hombre cogió el móvil. Empezó a pasar las fotos. Yo rezaba para que no apareciera alguna con una exnovia en una situación comprometida.

—De aquel conflicto me llevé a mi casa en Madrid una flecha —estaba diciendo la verdad, me la regalaron en el hospital de Kisumu. Aún la tengo—. Y lo mismo hice en Afganistán. Sé que es un error, pero son recuerdos de mi trabajo.

El masái me miró intrigado.

—¿Usted tiene hijos? —le pregunté.

—Seis.

—Yo tengo una hija de dos años —mentí descaradamente. Mi estrategia de seducción ha sido siempre combinar verdades, las que le había contado hasta el momento, con cierta emoción genuina y, llegado a ese punto, inventar flagrantes patrañas—. Y la quiero volver a ver, se lo ruego. Ella es la razón por la que hago mi trabajo. Quiero que viva en un mundo mejor. Sin guerras, sin terroristas. Sin Al Shabab. Nunca he hecho daño a nadie. No me deje, se lo suplico, sin volver a ver a mi hija.

En ese momento saqué cinco billetes de un dólar y los puse en la mesa. Lo que en suajili se llama *kitu kidogo*. Literalmente, «algo pequeño». Un soborno, una coima, una mordida.

—Esto es para sus seis hijos.

El masái no se sorprendió.

—Para que tengan una vida mejor. Como yo hago este trabajo, para que mi hija Julia tenga una vida mejor.

¿Julia?

Es el nombre de mi madre y mi bisabuela.

Impávido, el masái movió el dinero hacia mi lado de la mesa.

—Esto no compra ni dos cervezas.

Bueno, el *kitu kidogo* le parecía pequeño, valga la redundancia

semántica. Pero nada, lo tenía a mi favor. Tuve que contenerme para
que no se me escapara una sonrisa.

¡Bingo!

Iba a sacar todos los billetes de un dólar para empezar a negociar, pero al carajo todo. Llevaba más de dos horas allí encerrado.
Puse sobre la mesa tres flamantes papeles verdes de cien dólares.

El masái los miró a contraluz para comprobar si eran auténticos,
se los metió en el bolsillo, se puso de pie y me abrió la puerta. Cogí
mis cosas lo más rápido posible, le di una docena de veces las gracias con una sonrisa de oreja a oreja.

Antes de dejarme partir, me dio la bolsa con las vainas.

—Que sea la última vez.

Aún las tengo en el despacho de mi casa en Madrid.


No iba a comprar una tarjeta SIM. No iba a comprobar si mi conductor, Joseph, estaba en la puerta esperándome aún, tras cuatro
horas de retraso. Ni siquiera cambié dinero. Tenía todavía chelines
de algún viaje anterior.

Corrí por el exterior de la terminal, no había un solo coche.
Crucé a toda prisa al estacionamiento. Desperté a un taxista que
estaba dormido.

—¿Me llevas a Karen? —le pregunté en suajili.

Me respondió con una sonrisa mientras levantaba el asiento.

Cuando arrancó, le pregunté:

—¿Se puede fumar?

—Claro —me dijo—. ¿Viene a hacer un safari?

—Vengo de un safari —le respondí, y pensé para mis adentros:
«La presa era yo».

Puso música a todo volumen, no era rumba congoleña de Papa
Wemba pero cualquier cosa compuesta en África me encanta, y salimos hacia mi barrio favorito de todo el continente. Abrí la ventanilla. Sentí el viento de aquella tierra húmeda y rojiza en la cara.

Recién ahí me di cuenta de lo sudado que estaba. Me empezó a bajar la adrenalina. Comencé a ver lo sucedido con perspectiva, fuera de esa nube mental que nos envuelve cuando algo nos supera.

¿Había sido todo un teatrillo de aquellos hombres y me la habían jugado con maestría? ¿Me habían acojonado para sacarme pasta? ¿O realmente me había salvado por los pelos de un lío monumental?

De haber sido real su intención de mandarme a la cárcel, lo más probable es que no hubiese pasado más que un par de meses en prisión. Todo tiene solución. La cuestión es que tenía que ir al Congo a terminar de rodar el documental *La guerra contra las mujeres*. Debía seguir escribiendo artículos para periódicos, colaboraciones en radio, para pagar el alquiler del piso en Madrid y la letra de la moto.

Nunca sabré la respuesta. Sí debo admitir que, cuando regresé del Congo y volví a pasar por el aeropuerto de Nairobi, lo hice como un rayo. No quería encontrarme con aquel masái ni con sus amigos policías.


Lo que aprendí con el tiempo acerca de esa experiencia, y otras similares, es que nuestro cerebro está programado para ver la amenaza. El 99 % de lo que te rodea puede ser seguro, estar en calma, pero si hay un 1 % que te incomoda o asusta, toda tu atención irá allí.

Estamos diseñados así genéticamente. Es una forma de supervivencia. Ves a lo lejos algo que parece un mamut. No lo piensas dos veces. Coges a los niños, a tu mujer y sales corriendo hacia el próximo valle. En aquella época no teníamos abuelos.

Nadie vivía tanto.

En la guerra fui adquiriendo la capacidad de obviar ese 1 % y centrarme en el otro 99 %. Solo de esa manera podía seguir adelante. Si en alguna eventual ocasión la proporción de peligro aumentaba a un 30, 40 o 50 %, nada podía hacer más que tratar de mirar la parte positiva. En especial, antes de los viajes, cuando el miedo me ganaba casi siempre la pulseada. Pues una vez en el terreno, mi prioridad era superar los obstáculos, solucionar los problemas que me impedían contar la historia.

La moneda estaba en el aire.

¿Qué ganaba regodeándome en todo lo que podía salir mal?

Puedes observar de soslayo lo potencialmente negativo. Puedes elaborar un plan. Sin embargo, centrar toda tu atención allí es un error. Te confunde. Te hunde, como me pasó en el aeropuerto de Nairobi.

Además, visto ahora con la distancia de los años, he comprendido que sufrimos más en nuestra imaginación que en la realidad. Los golpes que me ha dado la vida han sido todos repentinos y han llegado sin avisar. De los que he imaginado, ninguno se ha cumplido.

Ni uno solo.

Aquellas dos horas de sufrimiento autoinfligido en Nairobi no me sirvieron para nada. Al contrario, vislumbrarme en el peor de los escenarios posibles —comiendo *ugali* todos los días y enfermo a perpetuidad en una prisión keniana—, no hizo más que angustiarme.

Estás esperando los resultados de un análisis en el hospital y tu mente no deja de proyectar que vas a tener cáncer, que pasarás por quimioterapia, cómo reaccionarán tu familia, tu pareja y tus amigos.

Te llega una carta de Hacienda y, antes de abrirla, ya te visualizas en la ruina, durmiendo bajo un puente y pagando injustas multas que tardarás años en apelar.

¿Qué ganas con todo ese sufrimiento preventivo?

¿No es mejor luchar contra nuestra programación genética, respirar hondo y esperar a que las cosas sucedan para luego reaccionar? ¿Silenciar el parloteo incesante de la cabeza?

La mente en el presente. Me lo enseñó la guerra y gracias a eso mantuve el miedo a raya durante muchos años. A veces me ganaba en nuestras discusiones imaginarias, no lo voy a negar, como en aquella sala del aeropuerto de Nairobi. Pero en general fue una buena relación de pareja.

La clave estaba en evitar proyectarme en el tiempo. Casi nunca pensaba qué sucedería al día siguiente, pues quizá no hubiese día siguiente, ni me atisbaba en el peor escenario posible: en manos de Al Shabab, a punto de ser decapitado, mientras Omar Hammami me dedicaba una canción de hip hop.

*Hemos cogido a un infiel,*
*Por bobo,*
*Vino solo a Somalia,*
*Ahora le vamos a cortar la cabeza,*
*Alá es grande.*

Es inteligente prevenir, moderar los riesgos. Es doloroso fantasear con lo que no existe. Lo que tenga que ocurrir, ocurrirá, así nuestra mente lo haya previsualizado mil veces.

Paso a paso en la vida. Anclados en el instante en el que estamos. Respirando hondo y con la mirada en el horizonte, sin barreras imaginarias.

¿Por qué Omar Hammami, el rapero de Al Shabab, no huyó a Kenia apenas recibió la sentencia de muerte en 2012? ¿De qué le sirvió engañarse durante un año pensando que podía convencer a sus compañeros de armas para que no le hicieran daño? Y cuando vio movimientos extraños a su alrededor, ¿por qué empezó a llamar desesperadamente a periodistas de EE. UU.? ¿Por qué se puso en contacto con la CIA en lugar de huir inmediatamente sin mirar atrás?

Su mente se disparó en todas direcciones. Lo confundió. Podría haber caminado hasta la frontera con Kenia. Hasta podía hacerlo improvisando alguna canción de rap para mantenerse entretenido. Estaría ahora sirviendo cadena perpetua en una prisión federal de EE. UU., pero seguiría con vida.

No es que me importe lo más mínimo su destino. He pasado el suficiente tiempo en Somalia para conocer de primera mano las barbaridades perpetradas por Al Shabab.

Pero su caso nos muestra que, en medio de la tormenta, lo que debes hacer es coger un mapa, trazar un destino y mantener la mente sosegada y en el presente.

También ayuda comprender que la mayor parte de las reglas que nos han impuesto son arbitrarias, meras creaciones de otros. Todas esas líneas que nos condicionan sin que lo notemos, muchas veces nos llevan a naufragar en el sufrimiento preventivo.

¿Por qué dos cilindros de metal vacíos y sin munición son un arma de guerra? ¿Porque lo dicen un masái y dos policías?

No tiene ni pies ni cabeza.

Al carajo con esa y tantas normas absurdas.

Fuera de nuestras cabezas.

No soy el siniestro traficante de armas Viktor Bout, al que EE. UU. liberó para que los rusos soltaran como contrapartida a la jugadora de baloncesto Brittney Griner, que había sido detenida en el aeropuerto de Moscú por llevar un vapeador con marihuana. El intercambio tuvo lugar en Abu Dabi en 2022.

Los que inventan las reglas son los primeros en romperlas.

O los que tienen mejores herramientas para sortearlas: buenos contables para pagar menos impuestos, amigos en el poder para entrar a tal o cual lugar, para llevarse un contrato.

Nunca lo olvides.

Un hijo de puta como Viktor Bout, cuyas armas he visto hacer tanto daño en África, que nutrieron a Al Qaeda, finalmente se ha ido de rositas a pesar de estar condenado a cadena perpetua. Vive cómodamente en Rusia, protegido por Putin, y es un entusiasta de la invasión de Ucrania. De hecho, viajó al país vecino para ver en primera línea los combates.

Cierta irreverencia hacia todos estos símbolos y extrañas criaturas te puede ayudar a evitar que la imaginación te juegue en contra, a mantener la cabeza clara y centrada en los momentos convulsos y en la vida cotidiana.

# Una carta para la Franja de Gaza

*Transforma tus debilidades*

*Palestina, 2006*

Con la cabeza envuelta en el típico pañuelo palestino, llamado kufiya, el joven que estaba a mi lado lanzaba piedras con una fuerza y una precisión que de haber nacido en EE. UU. podría haber tenido por delante una brillante carrera en la liga de béisbol.

Los militares israelíes que se encontraban en lo alto de la colina respondían a las piedras que tiraba este muchacho y tantos otros que me rodeaban, con bombas de humo y alguna que otra bala de goma.

La marcha había comenzado de forma pacífica. Niños, abuelos, mujeres. Todos protestando por ese nuevo trozo del muro que el Gobierno de Israel estaba erigiendo y que los iba a separar de amigos, familias y vecinos con los que habían compartido destino durante cientos de años.

El típico tira y afloja entre palestinos e israelíes en aquella época, desde que Ariel Sharon tuvo la brillante idea de mandar construir el muro que convertiría la vida de los locales en una ratonera de calles cortadas y puestos de control. Trayectos que antes duraban diez minutos ahora eran viajes de horas. Ese muro de la vergüenza en el que Banksy dejó algunos de sus grafitis más conocidos.

Los niños bajo un trozo de playa que se abre entre el hormigón. La niña que vuela con globos hacia la libertad.

A medida que la marcha se acercaba a la colina donde estaban construyendo la nueva sección del muro, los jóvenes se fueron envalentonando. Hacía rato que venían recogiendo piedras. Cuando tuvieron a los soldados israelíes a poca distancia, empezaron a lanzarlas. Niños, ancianos y mujeres corrieron a protegerse. Solo nos quedamos en el medio mi amigo y fotógrafo Mushir, español hijo de palestinos, y yo.

Una de las bombas con gases nos pasó tan cerca de la cabeza que ambos nos lanzamos instintivamente al suelo. Si nos hubiese dado de lleno, habríamos terminado en el hospital.

—Deberías llevar casco —me dijo con enfado.

—Lo sé, pero es que tengo la cabeza demasiado grande.

Nos volvimos a poner de pie. Seguimos sacando fotos en medio de aquel ir y venir de proyectiles.

Me suena el teléfono. Es mi conductor.

—Israel acaba de lanzar un ataque sobre la Franja de Gaza.

—Joder. ¿Estás donde aparcamos?

—Aquí sigo.

—Vale, espérame que ya voy

Le conté la situación a Mushir. Me dijo que, por favor, en Gaza sí usara el casco, que aquello no era una broma. Nos abrazamos y me fui corriendo hacia el coche, que me esperaba a un par de kilómetros de allí, donde había comenzado la manifestación.


*Jerusalén, 2006*

En la habitación del hotel en que solía alojarme, sobre la peatonal Ben Yehuda, abrí el ordenador y me puse a escribir una carta. Se suponía que me la había enviado un conocido periódico español. En la misiva, decían que trabajaba para ellos y que tenía que entrar a la Franja de Gaza. Copié y pegué el logo de internet. La mandé a imprimir a la recepción.

Bajé a buscarla.

No era un Rembrandt, pero estaba bien.

Seguro que colaba.

Sobre la cama, desplegué las cuatro o cinco credenciales falsas que tengo de prensa. Las descargaba de una web, les ponía mi foto, las imprimía y las plastificaba. Así de sencillo. Seleccioné la que pareciera más seria. Una cuestión es una frontera africana, otra es el Gobierno de Israel.

Siempre he tenido que falsificar cartas, credenciales de prensa, permisos. A los burócratas no les entra en la cabeza que alguien decida ir *motu proprio* a una guerra. Lo que en la jerga periodística se llama *freelance*. Tampoco es que tenga mucho sentido, pero nada, es un oficio como cualquier otro.

En la previa a los viajes a países en conflicto, además de visitar la casa de cambio de divisa, me daba una vuelta por El Rastro. Allí cogía pines, camisetas, del Barcelona y del Madrid. Compraba cromos de Cristiano Ronaldo y Leo Messi. Imito a la perfección la firma de ambos. Con los dos tengo alguna historia, apócrifa, pero con un punto de verdad indispensable para que resulte verosímil. Resulta más fácil mentir cuando posees alguna referencia que es cierta. Mejor te sale la cara de póquer en un puesto de control militar o una aduana.

El fútbol es el lenguaje universal.

Y como me genera un interés similar al de las danzas tradicionales de Kazajistán, nunca he tenido problemas éticos en cambiar de escudo según perciba la afinidad de mi interlocutor.

—Messi, el mejor del mundo.

—¿Messi? El mejor de todos los tiempos. Además, es mi amigo, hicimos juntos una película. Tengo aquí una foto autografiada que me regaló.

Se iluminan los ojos de quien recibe aquella burda falsificación como si le estuviera dando una estampita de la Virgen de Lourdes.

En realidad, no hice una película con Messi, pero sí que Jorge, su padre, tuvo la generosidad de cederme el nombre para un documental sobre la explotación de los niños en el fútbol: *Quiero ser Messi*.

Algo que los honra a ambos.

—Cristiano Ronaldo, el mejor del mundo.

—¿Cristiano? El mejor de todos los tiempos. Somos vecinos. Tengo aquí una foto autografiada que me regaló.

Como Madrid es una ciudad de un tamaño amigable, alejada del caos de urbes sobrepobladas como Bombay, Lagos o Los Ángeles, al vivir en el mismo barrio puedo perfectamente afirmar que somos «vecinos».

La verdad de las mentiras, como diría Vargas Llosa.

Lo importante era cruzar esa frontera.

¿Por qué?

Porque mi objetivo final gravitaba a kilómetros de altura sobre la línea que unos soldados, unos burócratas o unos colonizadores hubiesen decidido trazar en un paralelo, un río o una montaña. Iba a la guerra para amplificar la voz de las víctimas.

Punto.

Tenía todo el derecho moral a hacer lo que estuviera en mi poder para sortear esas lindes que eran de otros, no mías. Respondía a mi vocación. Y no iba a dejar que invento estúpido alguno me impidiera realizarla.


La noche anterior a la partida hacia Gaza casi no pude conciliar el sueño. No era por la culpa que sentía por haber falsificado una carta, sino por las noticias que llegaban desde allí y por el miedo que me invade antes de acercarme a la violencia.

Durante meses, comandos de Hamás habían estado cavando un túnel al sur de la Franja. Cuando estuvo terminado, salieron a la superficie en una misión suicida. Mataron a dos soldados israelíes y se llevaron secuestrado a un tercero: Gilad Schalit. Por el lado palestino, murieron cuatro combatientes.

La respuesta del gobierno de Ehud Olmert, que años más tarde terminaría preso por corrupción, no por crímenes de guerra, fue desmesurada. Una vez más, el principio de la «proporcionalidad» que establece el derecho humanitario era ignorado sin rubor alguno.

Puso en marcha la operación Lluvia de Verano. Miles de soldados, tanques Merkava, aviones F-16, se lanzaron contra la paupérrima franja palestina. La mayor ofensiva de la historia en Gaza. Luego vendrían peores, como la de 2014, en la que también estuve, aunque la entrada no fue tan caótica como la que me esperaba ahora.

Después, la más terrible de todas, 2024.

Siempre con los niños como principales víctimas.

A la mañana siguiente, cogí mi carta falsa, mi carnet falso de periodista, y me fui a la oficina de prensa en castellano del Gobierno israelí. Necesitaba un documento especial para entrar a Gaza.

Tras esperar un periodo de tiempo que se me hizo eterno, me recibió la responsable de aquella oficina: Claudia, una israelí de origen colombiano. Mientras miraba mis papeles, me echó la bronca:

—Los medios españoles no son objetivos, lo que cuentan es siempre en favor de los palestinos. No dejes de comunicarte todos los días a este teléfono.

Me pasó un papel.

—Se llama Hernán, es el responsable de prensa del mando sur del ejército. Habla perfectamente español.

Original nombre.

Lo curioso del asunto es que, una vez en Gaza, cada vez que hablaba con Hernán, parecía un monólogo de Gila.

—Hola, Hernán.

—Hola, Hernán.

—Mira, tocayo, acaba de caer un misil cerca de la ciudad de Gaza. Ha impactado de lleno en una abuela y su nieto que iban en un burro. Ambos han muerto. ¿Alguna declaración?

—No tengo noticias. Dame unos minutos que averiguo.

A mi alrededor, los restos de aquella abuela, su nieto y el burro. Llega el marido de la mujer, que no puede dejar de llorar. Sus vecinos intentan consolarlo. Aparece una ambulancia de la Media Luna Roja.

Al rato suena mi teléfono móvil.

—Hola, Hernán.

—Hola, Hernán.

—Mira, me dicen por acá que son terroristas.

—¿La abuela y el nieto?

—Terroristas.

—*Todah*.

Que quiere decir «gracias» en hebreo.

—*Todah*.

Juro que así fueron todas nuestras conversaciones durante los tres meses que estuve en Gaza.

Pero le había dado mi palabra a Claudia.

Así que llamaba, aunque la respuesta era la misma o similar:

—¿Por qué han bombardeado una escuela de la ONU llena de refugiados?

—Porque estaban los terroristas de Hamás.

—*Todah*.

—*Todah*.

Por mi parte, encantado de que Claudia me estuviera regañando a causa de la supuesta parcialidad de los medios españoles. Eso hacía que no prestara demasiada atención a aquella carta que, a la luz del día, delataba bastante su dudosa procedencia.

Había pasado de un Rembrandt a un desdibujado Basquiat.

Para evitar suspicacias, me inventé una historia. También vale inventarse historias para tratar de cruzar una frontera.

Estaba de vacaciones en Israel cuando empezó la guerra. Me encontraba en la playa con mi mujer y mis hijos. Me habían jodido mis quince días de descanso.

Eso me hacía quedar bien con Claudia, pues soy un hombre de familia que pasa sus vacaciones en Israel, ambas flagrantes patrañas, y justificaba el estado de aquel documento.

Era culpa de la impresora.

Apenas tuve el permiso en la mano, salí a la calle y corrí hacia la puerta de Damasco con los cuarenta kilos de bártulos que me acompañan a todas partes: un bolso lleno de cámaras, lentes, cargadores, algo de ropa; una mochila con el ordenador y los discos duros; y, colgando del otro brazo, el chaleco antibalas y el casco.

Sí, Mushir, el casco también.

Sabía que en la puerta de Damasco había taxistas palestinos que te llevaban hasta la frontera con Gaza. Y así era. Tras negociar con varios conseguí uno que me ofreció un precio dentro de mi presupuesto, que era bastante lamentable. Algo habitual en los *freelance*. No sueles llevar seguro. El chaleco antibalas te lo prestan o lo alquilas. Mandas crónicas que los medios te pagan tarde y mal, si es que te pagan. De aquel conflicto, la Cadena Ser aún me debe una factura. Pero nada, la perseverancia que tengo para colarme en conflictos armados, o para conseguir que me abran ciertas puertas, no la tengo para perseguir a los que me deben dinero.

La distancia que separa a Jerusalén de la Franja palestina es de apenas ochenta kilómetros. Una hora de viaje en coche. Y de las fronteras que he cruzado en el mundo, quizá sea la de mayor desigualdad. Mucho más que la que separa a EE. UU. de México o a Europa del Magreb.

Aislada del resto del planeta por la valla que la rodea, Gaza vive en una suerte de lóbrego medioevo. Carros tirados por burros, montañas de basura, edificios decrépitos o reducidos a escombros por los misiles. Una especie de Calcuta bajo las bombas.

Jerusalén, con su lujoso hotel King David, su peatonal Ben Yehuda, su modernidad, sus turistas, te da la sensación de estar en cualquier ciudad de un país próspero y desarrollado. Bien situado en el siglo XXI.

Antes de partir, había desayunado con un amigo argentino, Meir Margalit, contrario a la ocupación como tantos otros israelíes con los que había hablado en aquellos días. La magnífica escritora Amira Hass, autora de *Beberse el mar en Gaza*, o el valiente periodista Gideon Levy, columnista del periódico *Haaretz*.

Meir me había dado un consejo:

—No cuentes lo que cuentan todos. Hazlo con esa pasión que tienes.

Era una recomendación inteligente. Ya que carecía de los recursos de los que gozan los grandes medios, debía buscar otro ángulo.

Estaba solo con mi cámara.

De hecho, logré entrar a Gaza antes que la BBC o la CNN. Como había combates en la frontera, alrededor de Beit Hanun, no nos dejaban pasar. Estábamos varados en el paso de Erez. En lo que parece ser una constante en mi existencia, el taxista se había marchado y me había dejado solo allí con el bolso, los equipos y el chaleco antibalas.

Cuando empezó a anochecer, los periodistas serios volvieron a sus hoteles de lujo en Ascalón o Jerusalén. Yo, que no tenía un duro, me recosté contra un muro mientras caían las bombas. Con las prisas, ni siquiera había cogido una botella de agua.

Un capitán israelí llamado Marc, de origen estadounidense, se apiadó de mí y me dejó cruzar la frontera en una pausa en los combates. Eso sí, antes de darme luz verde, me dijo:

—Mira que son chavales; si los terroristas disparan, ellos van a disparar, así estés tú en el medio.

Una aclaración muy tranquilizadora.

*They are kids.*

Son chicos.

Le di las gracias y tiré hacia Gaza cargado con mis bártulos.

La suerte estaba echada.

*Alea iacta est.*

De alguna manera, lo que me sugirió Meir Margalit era también lo que había estado haciendo hasta el momento.

No me gustaba tener que crear documentos apócrifos o hacerme el fan número uno de Cristiano Ronaldo, sobre todo por la incertidumbre que me generaba, pero carecía de los medios que tienen las cadenas de noticias internacionales o los periódicos de prestigio.

No contaba con un productor en Jerusalén que me gestionara los papeles para poder llegar y ponerme a trabajar sin mayores distracciones.

Tampoco tenía una red de fuentes fiables dentro de Gaza.

Mi único aliado era Kayed, que hacía de traductor, chófer y conseguidor de lo que le pidiera. A su lado viviría infinidad de odiseas. Momentos de dolor, risas, rabia, llantos, en esa guerra, que fue la primera sobre la Franja, y en las siguientes de 2008 y 2014.

Tan lamentable era lo nuestro, que Kayed ponía las letras «TV» con cinta adhesiva en el capó de su Daewoo Lanos para evitar que nos cayera un misil Hellfire de un helicóptero Apache o de un dron (era el primer conflicto en el que vi el uso masivo de aviones no tripulados).

Avanzábamos a paso de tortuga hacia donde estaban los combates, por miedo a que nos confundieran con un comando del brazo armado de Hamás o de la Yihad Islámica. No queríamos terminar como aquella pobre abuela y su nieto.

Sin embargo, Kayed cogía el móvil y me conseguía lo que quisiera. Parecía tener el número de teléfono de los dos millones de habitantes de la Franja de Gaza.

La voluntad sobre los recursos.

Estábamos en las mismas.

Quizá por eso formamos un buen equipo.

Durante los meses que pasé en la guerra de 2006, hasta logré entrar a los túneles que conectan al territorio palestino con Egipto. Un acceso que pocos periodistas habían conseguido. Reportaje que vendería a varios medios internacionales y que me ayudaría a costear aquella larga estancia.

Es otra gran lección que me dejó la guerra: convertir tus falencias en virtudes. Tus debilidades en tus fuerzas.

De esta premisa surgió la idea de la película *Nacido en Gaza,* que rodé en 2014. No tenía capital para excesivos alardes técnicos, así que contando con la ayuda de Kayed, solo con mi cámara, mis lentes y mis micrófonos, retrataría historias mínimas, que creasen puentes de empatía.

Como parte de la estrategia, había decidido que rodaría con drones, en el mar y en cámara lenta. Quería romper el punto de vista. La frontalidad con la que había narrado mis historias hasta el momento. A la cantante Bebe, que era mi pareja y a la que tanto debo, le fascinó la idea. Así que me llamaba por las noches para asegurarse de que no me apartara del plan establecido.

—¿Seguro que estás grabando como me has prometido?

A ver quién se anima a decirle que no.

Además, ella también era productora de la película. Puro corazón, generosidad, con un talento de otra galaxia, había invertido dinero de su propio bolsillo para ayudarme a financiar los viajes y el sueldo de Kayed.

Cuando me tocaba grabar en el mar Mediterráneo, los reporteros que estaban alojados en el hotel me miraban con absoluta incredulidad. Bajaba a desayunar en bañador, camiseta de tirantes y chanclas. Una toalla sobre el hombro. Unas gafas de buceo colgando del cuello.

Vacaciones en la guerra.

La carcasa para la cámara me la había prestado mi hermano de sangre Sergio Carmona. Como soy un ser humano privado de la más mínima habilidad cuando se trata de labores manuales, me resultó imposible evitar que el agua se colara dentro.

De esta manera me metía en el mar junto al pequeño Mohamed, un hijo de pescadores que se había visto obligado a recoger basura para alimentar a su familia.

Con miedo a que nos cayera un misil, sin casi llegar a ver lo que estaba rodando, luchando para que el agua que entraba en la carcasa me permitiese hacer foco y para que la corriente no me arrastrara de regreso a España, lo grababa mientras él nadaba y el sol se perdía en el horizonte.

Así surgió una de las secuencias más conmovedoras que he hecho nunca, en la que Mohamed dice:

«Yo quiero al mar. He nacido en el mar. Me gustaría poder estar siempre en el mar, nadando y viviendo en él. Olvidarme de todos los problemas a mi alrededor y seguir viviendo en el mar».


No solo en la guerra sino en nuestra cotidianeidad, la pregunta es: ¿Qué me juega en contra? ¿Qué falencias tengo? ¿Qué puedo hacer para que se ponga a mi favor?

En este sentido, las fronteras físicas son un claro obstáculo cuando vas a una guerra. Pero hay, en este lado de la lotería de los códigos postales, otra serie de barreras conceptuales, jerárquicas, normativas, sobre lo que sea que quieras hacer, que en ningún caso te deben empujar a ver solo tus debilidades.

No puedes realizar un documental sin ayuda, sin haber estudiado cine, casi sin dinero, en solo tres meses y en un lugar como Gaza.

¿Quién lo dice?

Los cánones establecidos por la industria audiovisual.

Mandadle saludos de mi parte.

*Nacido en Gaza* no solo ganaría docenas de premios, sino que llegaría a ser uno de los documentales más vistos a nivel mundial en Netflix.

Una película que estuvo en los cines a los tres meses de haberse comenzado a grabar, que me llevó a compartir nominación con Wim Wenders y su magnífica *La sal de la tierra*, en los Premios Platino.

En las gradas de la ceremonia, el equipo de esa producción que había recaudado más de un millón de euros. A su lado, con la impostada sonrisa de los que saben que van a perder por goleada, Bebe y yo, responsables de una película que tenía un presupuesto de doce mil euros.

Con un obstáculo añadido: antes de que estallara la guerra en Gaza me había comprometido con Canal Plus para hacer un reportaje sobre la violencia en Honduras. Esto me obligó a pasar, en un mismo plano secuencia, de Tel Aviv a Tegucigalpa.

Por el día filmaba los cuerpos descuartizados por la mara Salvatrucha. Por la noche me hinchaba a café para editar lo que había grabado deprisa, con miedo y corriendo de un lado a otro durante la ofensiva israelí.

La pasión que, con tanta sabiduría, Meir Margalit me había alentado a usar para contrarrestar mis carencias.

Algo que llevaba años viendo en mis viajes y que sin duda también me había inspirado: la voluntad de todas esas personas que no se dejan vencer, que siguen adelante con lo que tienen a mano, contra viento y marea.

El conductor del Congo que arregla el motor de su coche con unos alambres. El adolescente que, con una gran sonrisa, intenta vender cometas en una calle de Kabul. El taxista que sigue saliendo a trabajar en San Pedro Sula, aunque la mara Salvatrucha lo haya amenazado de muerte por no pagarle la mordida del mes. La familia de refugiados sudaneses que, con unas cañas, un poco de barro y unos plásticos de la ONU, se monta una vivienda en cuestión de horas. La madre que se pone a barrer la entrada apenas está construida. Sus hijos, que hacen girar un viejo neumático al que empujan con un palo, que se regalan el lujo de seguir jugando a pesar de todo.

Premios, estrenos, ruedas de prensa, resultan minúsculas hazañas del ego y la vanidad en comparación.

Ellos son los únicos que tienen mérito en esta historia.

Había sido un aliciente en este proceso, la necesidad que sentía de que el mundo escuchase la voz de los niños que había grabado en Gaza antes de que la rueda informativa y nuestra escasa capacidad de atención se desviasen a otros temas.

Un trabajo que ya había hecho con las mujeres violadas en el Congo, Sudán, Bosnia y Uganda, con las víctimas de Al Shabab en Somalia, como lo haría al año siguiente con quienes sufrieron los horrores del ISIS en Siria.

Para mí no hay bandos ni banderas.

Solo están los que causan las guerras y los que las sufren.

Ahí se encontraba otra fortaleza que equilibraba mis carencias: la profunda convicción de que no somos más que unos primates 2.0 agarrados con las uñas a un planeta que da vueltas por un universo cuyas dimensiones y sentido escapan a nuestra capacidad de compresión.

Las lindes que nos han sido impuestas y que hemos asumido como propias carecen de razón de ser si las observamos desde la perspectiva del tiempo y el espacio.

Fronteras, himnos, banderas, religiones, ¿qué lógica tienen en una línea temporal de miles de millones de años? ¿En un universo infinito del que apenas somos un punto casi invisible?

Estas creaciones tienen el mayor de mis respetos si te ayudan de alguna manera, pero no cuando sirven para confundirnos, para separarnos y enfrentarnos, en beneficio de unos pocos.

Somos todos uno.

Somos lo mismo.

Esos primates desconcertados.

Hasta el día en que no asimilemos esto, lo incorporemos y ejercitemos, seguiremos abocados a la niebla de la guerra, la injusticia y el sufrimiento.

# Entre racimos de bombas

## Amplía la ecuación de tu vida

*Líbano, 2006*

Simon Lovell, padre de tres hijos y antiguo miembro de las fuerzas especiales británicas, avanza delante de mí. Da un paso, se agacha, observa el terreno, lo tantea con una barra de metal, y da otro paso.

—Pisa donde yo piso, Hernán, por favor. No te distraigas —me dice al ver de reojo que voy grabando con la cámara—. Ni un milímetro más ni uno menos. Puede haber quedado algún explosivo debajo de la superficie. Si explota alguna munición quédate en el lugar, que el médico te atenderá. Si el accidente lo tiene algún otro del equipo, tampoco te muevas.

Como hoy no me he levantado con ganas de perder miembro alguno, le hago caso. Es más, un sudor helado me recorre la espalda a medida que intento encajar mis pies donde han estado los de él en la reseca tierra del sur del Líbano.

Detrás de mí viene Wissam Jbeir, el médico. Minutos antes de lanzarnos en esta misión, me preguntó mi grupo sanguíneo, que anotó en una planilla con los datos del resto del equipo. Para darle un poco de charla, le pregunté qué lleva en la aparatosa mochila que cuelga de sus hombros.

—Todo lo que podamos necesitar: desde primeros auxilios hasta torniquetes, material quirúrgico, morfina.

El cuarto integrante del grupo es Alí, un joven chií al que está entrenando como artificiero, y que también se esfuerza por pisar donde ha puesto sus botas Simon, luego yo y después Wissam. Para mi sorpresa, ninguno de los tres hombres lleva chaleco antibalas o máscara antifragmentación.

Será que la empresa para la que trabajan, Bactec, es privada, pero nunca había estado con un grupo de desactivadores que vistieran camisetas como única protección.

A unos doscientos metros del punto de partida, donde está el *mukhtar* (alcalde) del pueblo y el conductor que nos trajo en un Land Cruiser hasta aquí, empezamos a sentir un pestilente olor a descomposición. Al llegar, encontramos una docena de cabras muertas, quemadas. Un rebaño que voló por los aires al detonar un explosivo.

Simon descubre la carcasa principal de la bomba de racimo. Se acuclilla. La observa. Toma notas en un cuaderno. Se trata de un modelo M42, fabricado en EE. UU., que lleva 88 submuniciones en su interior. Fue disparado por un tanque israelí. La otra munición más empleada, el modelo M77, mide dos metros de altura y tiene 644 bombas en su interior.

—No os mováis —nos dice.

Calculando cada uno de sus movimientos, va poniendo pequeñas banderas donde encuentra los misiles que lograron separarse de la unidad principal antes de que esta impactara contra el suelo.

¿Es eso una bomba de racimo?

Exactamente.

Un proyectil que, cuando está en el aire, se abre y lanza desde su interior decenas de bombas que suelen tener el tamaño de una lata de refresco. Llevan un lazo blanco en un extremo, por una cuestión de aerodinámica, lo que las hace atractivas en especial para los niños, que las confunden con juguetes o botes de perfume y las cogen. Por otra parte, sus pequeñas dimensiones dificultan que se puedan descubrir a primera vista y hace que mucha gente las pise o se las lleve por delante.

Una vez que Simon termina de marcar las bombas, da paso a Alí, que coloca las cargas explosivas. Mientras tanto, volvemos sobre nuestros pasos.

Una vez situados en un lugar seguro, Alí realiza la cuenta atrás a través de un walkie talkie: «Cinco, cuatro, tres, dos, uno». La explosión es mucho más fuerte de lo que podría haber esperado. Me hace trastabillar. Los trozos de metralla se desperdigan violentamente entre los olivos.

Alí Husein, el dueño de aquel terreno, se acerca indignado y empieza a hablar frente a la cámara:

—¿A qué disparaban? Aquí no hay nada. Esto lo hicieron para arruinarnos la vida. Sabían que íbamos a volver después de la guerra y que somos campesinos. Lo hicieron para matarnos, para matar a nuestros hijos, a nuestros animales.

A bordo del Land Rover de la empresa Bactec, con Simon en el asiento del copiloto, recorremos pueblos devastados por el conflicto armado que enfrentó a Israel y Hezbolá durante treinta y tres días.

Casas calcinadas, reducidas a los huesos. Coches que no son más que mero metal retorcido tras haber sido alcanzados por misiles. Un lánguido perro de Giacometti que aparece entre los escombros y que, con enormes ojos vacíos, nos mira al pasar.

—Despacio, despacio —le dice Simon al conductor—. Llevamos explosivos en el maletero.

El hombre intenta progresar más lentamente, pero la carretera está llena de cráteres provocados por las bombas. Esa frase de Simon la recordaré seis años más tarde, en Somalia, cuando vi volar por los aires a un desactivador de minas antipersona que regresaba a Mogadiscio con su coche cargado de bombas.

Nos detenemos en la ciudad de Bint Jbeil, pegada a la frontera, que fue uno de los epicentros de la guerra. Israel lanzó ataques con más de cinco mil soldados, tanques Merkava y helicópteros Apache. Un centenar de milicianos de Hezbolá, escondidos en túneles, fueron capaces de resistir la ofensiva durante diecinueve días. Destruyeron cinco blindados con misiles rusos Kornet. A tal punto llegó la desesperación de los comandos israelíes que el teniente Adam Kima se negó a realizar, por miedo a nuevas emboscadas, el ataque frontal que le ordenaron sus superiores. Al regresar a Israel fue enviado a prisión.

De Bint Jbeil poco queda en pie. La devastación es aún mayor, si es posible, que en el resto de los pueblos. El hospital Salah Ghandour está en ruinas. También el ayuntamiento y todo edificio de más de dos plantas.

Ibrahim Farhat, de cuarenta y siete años, nos recibe en la puerta de su casa. Padre de cinco hijos, subsiste del cultivo de tabaco. Ha sido de los primeros en regresar tras el alto el fuego. En el terreno que sucede a su vivienda nos señala seis proyectiles. No son bombas de racimo, sino misiles de gran tamaño.

Simon y su equipo se ponen manos a la obra, mientras otros vecinos se acercan para pedirles que también los ayuden.

—Cada día aparecen al menos treinta nuevas localizaciones. Para peor, ahora con las lluvias los explosivos se mueven de sitio, se confunden más fácilmente con el fango. Sabemos que los agricultores tienen que volver a sus campos y retomar sus vidas. Vamos todo lo rápido que podemos.

Al atardecer, cuando nos estamos por ir de Bint Jbeil, un coche con la carrocería oxidada, cubierto de polvo, se detiene frente a nosotros. De él se bajan dos hombres vestidos con chándal.

Abren el maletero.

Uno de ellos me hace una seña para que me acerque. Descubro que en el interior hay cascos, lanzagranadas, chalecos, con letras en hebreo.

—¿Quieres comprar? —me dice en un inglés roto—. Son de los israelíes. Vendemos barato.

—Cada tanque que subía por ahí —agrega el otro, señalando una carretera—, bum, bum.

En el camino de regreso al hotel comento con Simon el informe que ha publicado la ONU, según el cual el 40 % de las bombas de racimo lanzadas en esta guerra no han explotado. Los fabricantes de estos armamentos sostienen que solo fallan en un 3 % de los casos. Los estudios de los expertos elevan la cifra a un 15 %.

—Algunas organizaciones de derechos humanos dicen que se podrían haber lanzado adrede para que queden como minas antipersona.

—Hay dos posibilidades —me explica—. O se trataba de armamento viejo, en malas condiciones. O se disparó de forma que no le diera tiempo a explotar antes de alcanzar el suelo.

—Entiendo.

—Solo puedo hablarte de la parte técnica. No de cuestiones políticas.

Tras dieciocho años de brutal ocupación del sur del país, con las matanzas de Sabra y Chatila o las inhumanas torturas en la prisión de Khiam, que denunció el maestro del periodismo Robert Fisk, Israel retiró sus fuerzas del Líbano en el año 2000.

A pesar del Tratado de Ottawa, que se firmó en 1997, que prohíbe el uso de minas antipersona, el final de la ocupación dejó cuatrocientos mil explosivos diseminados en los campos, entre las casas, en los caminos. Desde entonces, solo se han retirado sesenta y siete mil. A estos hay que sumarles ahora las mil ochocientas bombas de racimo lanzadas por Israel, con 1,2 millones de proyectiles en su interior. Según el periódico *Haaretz*, el 90 % se dispararon en los dos últimos días de combate, cuando ya había entrado en vigor la resolución 1701 de la ONU, que pedía el fin de las hostilidades.

Un gesto de la frustración de los altos mandos castrenses.

A la vista de la lentitud y la meticulosidad con que los miembros de empresas privadas como Bactec o Minetech realizan su trabajo, calculo que tardarán lustros en sacar los restos de misiles que cayeron en apenas dos días.

La mañana siguiente voy al hospital de Tiro, el único que ha quedado en pie en el sur del Líbano tras la guerra entre Israel y Hezbolá. Está desbordado de pacientes. Camastros en los pasillos, en las salas de espera, a los que se suman las nuevas víctimas que acaban de llegar por las bombas de racimo. Mujeres, hombres, niños y ancianos, que se añadirán a la larga lista de mutilados que tiene este país, como Afganistán o Camboya.

En la segunda planta, entrevisto al padre de un niño de once años. Los médicos, que llevan semanas casi sin dormir, están operando a su hijo. El pequeño se llama Hamza. Con manos temblorosas, mientras fuma, el hombre me muestra su foto.

Le explotó una bomba de racimo al salir al jardín de su casa. La pisó sin querer. Estaba oculta entre los escombros. Acompañado por dos amigos, que también resultaron heridos, corrió hacia sus padres sosteniéndose las vísceras que le colgaban del vientre.

Cuando termino de recorrer el centro médico tras los pasos de mi productor local, veo al hombre llorando junto a su mujer en una esquina.

Nos acercamos y le damos nuestro pésame.

Hamza no ha sobrevivido a la operación.

A lo largo de los años, he tenido el lujo de conocer a numerosas personas que luchan contra esta clase de munición. Christopher Howe en Camboya, que terminó siendo secuestrado y asesinado por los jemeres rojos en 1996.

El italiano Alberto Cairo, al que entrevisté varias veces en Kabul. Un médico que lleva tres décadas ayudando a las víctimas de las minas, sin importarle quién esté en el poder o su propia seguridad. Ha puesto decenas de miles de prótesis a afganos mutilados durante el dominio de los señores de la guerra, de los talibanes, de las tropas de EE. UU.

Jody Williams, una mujer admirable y cercana, con quien también tuve la suerte de conversar en un par de ocasiones. Obtuvo el Premio Nobel de la Paz por su campaña para conseguir la prohibición del uso de minas antipersonales y de las bombas de racimo.

El propio Simon Lovell que, pese a su parquedad típica de antiguo miembro de las SAS británicas, realiza un trabajo en el que se juega la vida a cada momento para ayudar a las gentes del Líbano y de tantos otros países en los que ha estado.

De las fronteras que traza el hombre, la de las minas antipersona quizá sea la más cobarde. Permanecen allí, silenciosas, agazapadas, para marcar los confines de una tierra conquistada, de una humillante retirada tras la derrota, sin distinguir si su víctima es un combatiente, un agricultor o un niño, inclusive décadas después del final del conflicto.

Sordas, crueles y aleatorias barreras que nos dividen. Difícil entender que aún se sigan usando y que grandes potencias como EE. UU. hayan esperado hasta 2022 para ratificar el Tratado de Ottawa.

Una vez que estoy en la aeronave que me lleva a Turquía, para coger la conexión a Madrid, pues los vuelos directos a España se han cancelado por la guerra, observo la maravillosa fisonomía del Líbano. El valle de la Becá, las cordilleras de picos nevados, la playas que se suceden desde Trípoli hasta Tiro. La costa desde la que partieron los fenicios para comerciar por el Mediterráneo alcanzando en su punto más lejano a Gadir (España) y Tingis (Marruecos).

El día anterior a mi partida, Hezbolá organizó un multitudinario encuentro en Beirut para celebrar su «victoria divina» sobre Israel. ¿Qué clase de pírrico triunfo es ese que ha dejado a parte de la capital y al sur del país reducido a escombros? ¿Que ha costado más de mil vidas de inocentes?

Apretado entre la multitud, conozco a un reportero español al que admiro profundamente: Mikel Ayestaran. En el escenario, están todos los altos mandos de la organización chií.

—Se lo han puesto fácil a los israelíes —le digo a Mikel, sonriendo.

—Una bomba y nos matan a todos —me responde.

Ambos miramos hacia el cielo con temor, esperando la aparición de algún F-16 cargado de misiles.

Cuando llega el turno de que hable Hasán Nasralá, el líder máximo de Hezbolá, la muchedumbre responde enardecida. Ante cada una de sus arengas reacciona con gritos y aplausos.

—En realidad, celebran que hoy es mi cumpleaños —le grito a Mikel.

Se ríe.

—Si sobrevivimos, después nos tomamos unas cervezas.

Era cierto, aquel 22 de septiembre cumplía treinta y cinco años.

No me dio tiempo a beber algo con Mikel. Aquella noche la pasé encerrado en la habitación del hotel en el barrio de Al Hamra, terminando de hacer copias del material que había estado rodando durante cuatro meses en Gaza y ahora en el Líbano, no fuera a ser que me lo quitaran en el aeropuerto, y organizando la maleta.

Recibí llamadas de familiares y amigos a las que respondí sin prestar demasiada atención. «Felicidades». «Gracias, gracias». Cené falafel con humus, envuelto en papel de periódico, que había comprado en un restaurante tras el acto de Hezbolá.

Había pasado y pasaría buena parte de mis cumpleaños en Somalia, Afganistán, Uganda, Sudán, Etiopía, Nicaragua. Por alguna extraña razón, a los políticos les encanta empezar las guerras en verano.

Mi teoría personal, y sui géneris, es que aprovechan los meses estivales para iniciar conflictos porque la mayor parte de la población está de vacaciones. Sí, chiringuito, playas a reventar, sensación de liviandad flotando en el aire... casi nadie sigue las noticias.

Una impunidad de risas, olas y mojitos.

Conflictos que me han tocado de cerca... la primera guerra en Gaza en 2006, la de 2008 y la de 2014.

Todas en verano.

También la invasión de Georgia el 8 del 8 de 2008. Un conflicto que Rusia ganó en menos de una semana, por lo que no me dio tiempo a llegar desde el Congo. Y en el que mi querido Mikel se rompió una pierna.


*Estambul, 2006*


Dentro del avión, mientras los turistas se acomodan en sus asientos, recuerdo la foto del pequeño Hamza.

Me emociono.

De las lecciones que me ha dejado la guerra, una de las más importantes es que la muerte no es algo lejano, hipotético, sino real, cercano y probable.

Una bomba que explota en un mercado en Mogadiscio. Una bala perdida que se cuela en la vivienda de una familia en una favela de Brasil. Las hileras de camas apretadas de heridos en los hospitales de Tiro, Kabul o Bagdad te recuerdan siempre cuán frágil es la condición humana. Cuán tenue y etéreo es el hilo del que pendemos. Cuán caprichosa e impredecible es la danza de la muerte.

A la vuelta de cada viaje no podía más que sentirme, además de exhausto, con muchas emociones que digerir, agradecido por todo: familia, amigos, salud, un oficio que me da sentido.

Si algo me ha sorprendido en estos años que estoy a tiempo completo de regreso en Occidente es que a nuestro último destino se lo ha rodeado de minas antipersona y se lo trata como a un tabú.

No hablamos de la muerte. La escondemos bajo la alfombra. Y si nos referimos a ella lo hacemos *sottovoce*.

Tan solemnes nos ponemos al encontrarnos con ella, que en los velatorios nadie se anima a decir que el fallecido no era «una gran persona».

Todos somos virtuosos cuando morimos. Grandes padres, grandes hijos, grandes amigos, compañeros de carrera y, alguno que otro, un gran defraudador, aunque nadie lo diga.

En los países del sur, a la muerte se la oculta menos. Y, como consecuencia, prevalece la imperiosa urgencia de vivir el momento, para bien o para mal.

Hay cuestiones que son ciertas. Las posibilidades de morir en el este de Ucrania son mucho mayores que en Madrid.

Aquí no caen bombas. Sin embargo, un accidente de moto o automóvil puede acabar de manera fulminante con tu vida. Más de doscientos veinte fallecidos el verano pasado. Asimismo, una enfermedad incurable que al menos te da tiempo a despedirte de la gente que quieres.

Estamos programados genéticamente para negar la presencia latente de la muerte. De otro modo, poco empeño pondríamos en seguir adelante.

En construir, cuidar y procrear.

Sin embargo, en esta sociedad tan próspera en lo material nos hemos ido a un extremo que considero perjudicial. Ignorar la realidad finita de nuestra existencia nos quita perspectiva sobre todo aquello que nos ocurre, al igual que no mirar la realidad del mundo.

La muerte es otra barrera a la que nos debemos acercar sin miedo, con honestidad y valentía.

Lo negativo se potencia en el tiempo presente al ignorar el límite finito de nuestra existencia, y muchas de las cuestiones fundamentales, que nos hacen felices, no las disfrutamos con plenitud. Nos damos el lujo de procrastinar, de dejar para un hipotético mañana aquello que amamos o soñamos hacer.

Otra verdad que encierra una paradoja.

No asumir con naturalidad que nuestra estación final es la muerte, nos ata al presente cuando la circunstancia es negativa y nos proyecta al futuro cuando se trata de lo que nos hace gozar o sentir realizados.

Recuérdala cada día. Comprende que lo único que tienes a ciencia cierta es este momento.

Este instante en el que yo escribo.

Este instante en el que tú me lees.

Nada más.

El resto son meras especulaciones.

Y no lo hagas con pesadumbre sino con ligereza y normalidad, con esa intrigante sonrisa de las estatuas de Angkor Wat, pues es una forma de cambiar el punto de vista desde el que observamos, y en cierta medida reaccionamos, a lo que nos sucede.

Sumar la muerte a la ecuación de mi vida me permite hacer un simple cálculo con respecto a Julia, mi madre, a la que de camino a los conflictos escribía cartas mentales explicándole por qué estaba haciendo lo que estaba haciendo, cuánto lamentaba el daño que le podría causar y cuánto la quiero.

No debe de haber sido fácil.

Estaré siempre en deuda con mi familia y con la gente que me estima.

Como ella vive al otro lado del Atlántico, nos vemos dos veces al año. Lo mismo que les sucede a muchas personas cuyos padres se encuentran en otra ciudad o en otro país.

La ecuación que hago es la siguiente: si yo tengo cincuenta años y ella ha cumplido setenta y cinco, contando que la longevidad media es de unos ochenta y cinco años, nos quedan veinte oportunidades en las que vernos.

Así de implacable es el resultado que lanza la calculadora, por eso quizá prefiero ser de letras. Veinte ocasiones si tenemos la suerte de estar en este planeta el lapso temporal suficiente.

Esa es también la ventaja de tener presente a la muerte, de no mirar hacia otra parte, de no observar de soslayo nuestra última frontera común. Te quita de la minucia, de lo superfluo y accesorio para que vislumbres lo fundamental.

El problema es que, a los pocos días de recogerla en Barajas, me empiezo a desconectar de ella. Las obligaciones sociales, el trabajo, el tiempo que pierdo frente al teléfono. Como cuando estaba en el hotel de Al Hamra, agobiado por ordenar mis cosas antes de partir del Líbano, y respondía a los llamados de la gente que quiero sin prestar plena atención.

Hacer esta cuenta, recuperar a la muerte en la ecuación de mi vida, me enseña que la próxima vez que nos encontremos con mi madre, dejaré a un lado el maldito móvil, mis problemas inventados, mis irrelevantes obligaciones y la invitaré a cenar, la llevaré al teatro, que es algo que ama, la subiré a mi autocaravana y nos iremos a Tarifa con mi perro Joy.

Es una mujer divertida, sin ego, sin complejos, viajera empedernida, puro corazón, una solucionadora nata de problemas que lo da todo sin pensarlo dos veces.

Su ejemplo me ha marcado el camino a seguir desde niño.

Así como mi padre me ha enseñado a no dudar en saltar al vacío y reinventarme. Médico, periodista, escritor, ministro, senador, siempre ha comprendido la importancia de buscar nuevos estímulos, aprendizajes y desafíos.

Por eso, cuando recoja a mi madre en Barajas en su siguiente visita a Madrid, me lanzaré con todo a disfrutarla. A devorarla. A mirar y mimar cada una de sus arrugas, de sus palabras, de sus gestos. Y lo haré con amor, con plena atención y presencia.

Sé que algún día la extrañaré con todo mi corazón.

*Memento mori.*

*Memento vivere.*

# SEGUNDA PARTE

# Dame otra paliza, Sam

## *Destruye el ego*

# En manos de un niño soldado

## Nada es personal

*Sudán, 2005*

Tras cuarenta años de guerra civil entre los habitantes del norte y los del sur de Sudán, los organismos internacionales sostienen que el conflicto está llegando a su fin, que en breve se firmará un acuerdo de paz. Algo que no parecen confirmar los ecos de los disparos de fusiles AK-47 que nos llegan desde la orilla opuesta del río Nilo, con su sonido tan característico: ahogado y perentorio.

El jefe de seguridad del campamento en el que estamos alojados, un exmilitar estadounidense llamado David, se acerca a nuestra tienda de campaña y nos pide en voz baja que apaguemos las luces. En realidad, se refiere a la triste vela que compartimos mi querido compañero de tantos viajes, Sergio Carmona, y yo.

—¿Quiénes son, David? —quiero saber.

—Ni idea. Pueden ser los árabes, los dinka, los nuer, los ugandeses. En este lugar de mierda todos tienen armas.

Echo un último vistazo a las manchas de sangre que salpican las lonas blancas de la tienda de campaña, lanzo un soplido y la vela se apaga.

—Joder, macho, no paran de disparar —me dice Sergio.

—Espero que al menos hoy no me des la lata con *Gomaespuma* —le susurro.

Sí, Sergio tiene la maravillosa costumbre de traerse programas de radio descargados de internet, que se pone a todo volumen en los auriculares y a que a mí me torturan, pues tengo el oído muy fino. Apenas se duerme, a los diez segundos de poner la cabeza en la almohada —hombre de conciencia tranquila—, me acerco a su camastro y le apago el reproductor MP3.

En la penumbra, mientras nos siguen llegando los broncos ecos de los fusiles, le pregunto:

—¿Nos acercamos a ver qué pasa?

—David se va a cabrear.

—Está siempre cabreado.

En realidad, hace bien su trabajo. Excombatiente en Irak, es muy estricto con la seguridad. Toque de queda. Puestos de seguridad con hombres armados en la entrada. No quiere que ninguno de los extranjeros que vivimos en su complejo de tiendas de campaña sea secuestrado, herido o asesinado.


La luna llena nos guía entre las tiendas de campaña blancas. A lo lejos, vislumbro varias siluetas que se recortan contra las mansas aguas del río Nilo.

—Está todo el mundo —le comento a Sergio.

Así es, buena parte de los habitantes del campamento se encuentran en la zona del desayuno, parapetados entre las sillas, acuclillados detrás de las mesas. Nos sumamos a presenciar el espectáculo. Siguen llegando sonidos de disparos. En la distancia, a través de la selva, se suceden fogonazos blancos.

Entre los asistentes a este espectáculo de luz y sonido que no sabemos quién ha patrocinado, se encuentran muchos de los personajes que viven con nosotros en este asentamiento gestionado por una compañía privada de seguridad extranjera.

Un italiano que representa a una empresa de construcción de carreteras. Varios empleados de la ONU. Un grupo de asesores del Gobierno de EE. UU. Dos rusos de una petrolera. La mujer de David, una joven canadiense feliz, sonriente y servicial, que nos trata como si nos encontrásemos en un resort en Punta Cana.

Y el más delirante de todos, Paul, un pastor estadounidense que pesa lo mismo que un rinoceronte y que días antes me contó su plan para pacificar Sudán: montar un cine móvil que recorra el país mostrando en las aldeas películas que inspiren valores. Está en búsqueda de patrocinadores que le paguen su alocado proyecto.

—¿Estás seguro de que dará resultado? —le pregunté—. Este es un país jodido. Lleva cuarenta años en guerra.

—No tengo la menor duda. Fue una revelación de Dios.

—Entonces, seguro que funciona —le contesté mientras lo imaginaba siendo asesinado a los pocos kilómetros de abandonar Yuba, la ciudad en que nos encontramos, y a los rebeldes pateando el proyector de la parte trasera del todoterreno para colocar una ametralladora.

Durante siglos, los habitantes del norte de Sudán, que son musulmanes, secuestraron a los del sur del país, de constitución nilótica, para venderlos como esclavos, además de expoliar sus recursos naturales.

Cuando llegó el momento de abandonar la colonia y dejarla ser independiente, en el año 1955, los británicos decidieron que vivirían todos contentos y felices en un mismo país: Sudán, el más grande del continente. Supongo que, de tanto trazar líneas divisorias por medio planeta, se habían quedado sin fuerzas para crear una nueva frontera.

Desde entonces, los habitantes del norte y los del sur han protagonizado dos brutales guerras civiles. En 2005, la presión internacional estaba empujando al Gobierno de Jartum a que firmara la paz y dejara independizarse a aquellas comunidades a las que había tratado como esclavos. El dictador Omar al-Bashir estaba bajo la mira de la Corte Penal Internacional por el genocidio en otra región: Darfur. No tenía mucho margen de maniobra.

Yuba, la capital del sur, era una ciudad devastada por la guerra, con una sola carretera, escasa corriente eléctrica, sin agua potable, y apenas un par de maltrechos hospitales. No había hoteles. Por eso, los extranjeros vivíamos en campamentos situados junto al Nilo Blanco.

Extranjeros que arribaban porque la tregua parecía estar a la vuelta de la esquina, aunque los combates continuaban. Representantes de compañías multinacionales que vivían en otras tiendas de campaña y que se frotaban las manos al vislumbrar el maná de miles de millones de dólares que generaría crear un nuevo estado de la nada. Habría que construir rutas, edificios gubernamentales, centrales eléctricas. El hecho de que se descubriera que el sur del Sudán contaba con vastas reservas de petróleo, espoleaba más aún el desembarco de estos hombres con maletines cargados de dinero para comprar la voluntad del ministro de turno.

Ya se veía a los primeros oficiales del Gobierno andando con coches de lujo por las carreteras de tierra.

La capital de esta nación a punto de nacer, si es que nada se torcía, estaba llena de contratistas internacionales, grupos de seguridad privada, espías, miembros de ONG y representantes de la ONU. Si la guerra es un gran negocio, una posguerra, con hidrocarburos de por medio, lo sería aún más.

Fuera de la ciudad, el futuro Sudán del Sur no tenía nada más que aldeas de chozas de adobe, llamadas *tukuls*, carreteras polvorientas y controles militares. Recuerdo en 2006 estar viendo un partido del Mundial de Fútbol en un televisor que habían puesto en la puerta de una choza, junto a docenas de personas. Jugaba Alemania contra Argentina. En uno de los momentos más vibrantes del encuentro se cortó la electricidad.

Un sonido de queja colectivo, cabezas gachas, cada uno a su casa a seguir el partido con la radio a pilas.

El pequeño avión Cessna al que nos habíamos subido en Nairobi para venir a Sudán había hecho el acercamiento a la pista de aterrizaje de Yuba en una maniobra bastante habitual en zonas de conflicto: describir círculos en el aire para evitar el potencial fuego enemigo. Una montaña rusa que hace que te agarres con fuerza a lo que tengas a mano, sea un espía chino, una monja española o el mismísimo John Garang, un personaje con sombrero de cowboy que había liderado la lucha armada contra el norte y que era venerado como una deidad. Su foto estaba por todas partes en Yuba.

Junto a la torre de control, se encontraban los restos de un viejo Antonov ruso que se había estrellado al traer ayuda humanitaria. Un poco más allá, el cementerio de tanques iraquíes. Decenas de unidades destruidas, oxidadas, comidas por la vegetación, que Sadam Husein había donado al norte para que ganara la guerra.

Sergio y yo salíamos todos los días en busca de historias por aquella urbe sin ley. Casas derruidas. Coches quemados. Montañas de basura por doquier. Familias durmiendo bajo plásticos. Las consecuencias de este añejo conflicto se hacían evidentes a cada paso.

En una ocasión, nos habían perseguido y tirado piedras al pensar que éramos espías árabes. Desde entonces, comenzamos a llevar las cámaras en bolsas de plástico. Solo las encendíamos cuando sentíamos que estábamos en un lugar seguro.

Los dinka y los nuer son las principales tribus del sur. Como buenos nilóticos, el más bajo de la clase nos sacaba una cabeza de altura. A los dinka, los más numerosos, les realizan cortes con la punta de una lanza en la frente (son tan profundos que les dejan marcas en el cráneo). Si el niño llora durante el acto, la familia lo toma como un deshonor. En esa misma ceremonia se le entrega la lanza con que defenderá su bien más preciado: las vacas.

Además de pelear contra el norte, ambas tribus llevan décadas protagonizando la llamada «guerra de las vacas». Se atacan y matan por la posesión de estos animales, cuya sangre beben y a los que consideran manifestaciones de sus dioses.

Quizá por esta sucesión de traumas acumulados a lo largo de décadas, no resultaban unos anfitriones demasiado amigables. Es más, con sus dos metros de altura, sus fusiles y sus marcas en el rostro, me generaban un enorme respeto.

Como no había transporte público, íbamos a todas partes caminando. Entrevistábamos a mujeres que habían sido raptadas por los árabes.

Con dieciséis años, a Selúna la habían arrancado de su choza y la habían encerrado en un cuartel. Docenas de hombres abusaron sexualmente de ella.

—Me llamaban *hoy habit*, que quiere decir «tú, esclava». Ese era mi nombre para ellos.

Nos acercamos a conversar con familias de refugiados que, ante la promesa de un inminente alto el fuego, estaban volviendo tras años de exilio en el campo de refugiados de Kakuma, situado en el norte de Kenia. La población de Yuba se había duplicado en cuestión de meses. No había suficientes alimentos ni medicinas. Había tenido lugar una epidemia de cólera. El 80 % de los habitantes de la ciudad eran analfabetos.

Quedaba por delante un largo camino para la paz y la prosperidad de la región.

También conversamos con un grupo de veinteañeros que habían sido sacados de sus aldeas para luchar por la independencia cuando eran niños. Una fuerza armada, conocida como el Ejército Rojo, que llegó a tener a más de treinta mil menores en sus filas.

—Di mi infancia por este país —nos explicó David Alen Deng, que acababa de regresar del exilio en Uganda—. El corazón de los niños no tiene misericordia, por eso éramos tan buenos soldados.

Otro joven, Daniel Bior Ajíh, nos dijo:

—Fui niño soldado, pero ahora voy a trabajar por la paz, porque no me gustaría que mis hijos pasasen por lo que yo pasé.

Lo que Daniel no sabía era que, tras ganar la independencia en 2011, Sudán del Sur, como se bautizó al nuevo país, entró en una guerra civil que ha generado cuatrocientos mil muertos y ocho millones de refugiados. De un lado el presidente Salva Kiir, de los dinka; del otro, el vicepresidente Riek Machar, perteneciente a los nuer.

El uso del cuerpo de la mujer como arma de guerra sigue siendo flagrante. En 2016, cientos de soldados entraron al hotel Terrain, propiedad de un empresario británico, en Yuba, donde violaron a cooperantes extranjeras.

Las fuerzas de la ONU no respondieron a los llamados de auxilio. Misión de paz de espíritu.


Una noche, tuvimos la brillante idea de ir a un bar que nos recomendó el joven periodista británico Malcolm Webb, que trabajaba en Radio Libertad, la única emisora de esta zona del planeta.

Becario en la guerra.

Un fuera de serie.

Ahora es el corresponsal de Al Jazeera en la región.

Me encantaba escuchar sus historias.

Lo que no me gustó tanto fue el sitio al que nos mandó. Caminamos con nuestras linternas por la ciudad hasta dar con él. Se llamaba Freedom House. Tenía un aspecto infame, con sus luces rojas de burdel que mantenían encendidas gracias a un generador a gasolina. En la puerta, había filas de coches Toyota Corolla que los traficantes robaban en Uganda para venderlos en Sudán.

Un niño soldado, que me sacaba una cabeza de altura, aunque no debía de tener más de quince años, se acercó apenas me vio entrar. Llevaba un uniforme cubierto de sudor y un fusil colgando del brazo.

—Cómprame una cerveza —me dijo en inglés.

—Cómpratela tú —le respondí.

Me di vuelta y le pedí dos botellines al hombre que estaba en la barra de aquel antro en el que sonaba música africana y había una mesa de billar.

—Soy un soldado de John Garang, así que me compras una cerveza.

Sus amigos, también vestidos con uniforme y armados, le rieron la gracia.

—Cómpratela tú —volví a negarme.

Sentí la punta del fusil en mis costillas.

Nos miramos.

Estaba ebrio a más no poder.

—Vale, te compro una cerveza.

Pero allí no quedó la cosa.

Acto seguido me invitó a jugar con él al billar.

Miré a Sergio. Le hice un gesto para que se fuera. Después de todo, por alguna razón, aquel muchacho llamado Emmanuel se la había agarrado conmigo. Nada ganábamos siendo dos a merced de aquellos chicos.

Sergio se negó.

Debo confesar que no fueron las mejores partidas de billar de mi vida. Podría echar la culpa a esa mesa carcomida por la humedad y las termitas, pero la verdad es que me temblaban las manos. Tan borracho estaba el tal Emmanuel, que en cualquier momento se le podría escapar un disparo. Así que le compré cuantas cervezas quiso. Y jugué cuanto tiempo quiso. El hombre en la barra me miraba con expresión de «lo siento».

Así me tuvo de monigote durante horas, ante las risotadas de sus compañeros de armas a los que hablaba en todo momento, con lengua de trapo, seguramente diciendo: «Mirad cómo trato a este pelele blanco».

Como niño con juguete nuevo, de pronto se cansó de tenerme

de mascota, se tumbó en un sofá y empezó a conversar con una chica. Aprovechamos con Sergio para salir de allí sin perder un segundo.

Las siguientes noches las pasamos en la tienda, escuchando, muy a mi pesar, los capítulos grabados en la radio de *Gomaespuma* y observando las manchas de sangre en la tela blanca de la tienda de campaña.

Nunca supimos qué las había provocado.


En la guerra aprendí a tener respeto a los jóvenes, como Emmanuel, con quien pasé un rato tan agradable jugando al billar.

Aguardo con ansias la hora de repetir.

Una pena que no me llame.

—Aún no tienen madurez suficiente para entender lo que es el miedo —me dijo un oficial estadounidense en uno de mis viajes a Afganistán—. Son los más fáciles de manipular, de cargar de odio, por quienes mueven los hilos del poder.

No en vano fueron adolescentes de las SS los que opusieron una resistencia suicida al avanzar las tropas del general Eisenhower tras reponerse de la inesperada ofensiva de las Ardenas, destruir la línea Sigfrido y cruzar el río Rin.

«La guerra es un lugar donde jóvenes que no se conocen y no se odian se matan entre sí, por la decisión de viejos que se conocen y se odian, pero no se matan», escribió Erich Hartmann, un judío alemán nacido en 1922 que huyó con su familia a EE.UU. Fotógrafo de la agencia Magnum, dejó para la posteridad esta brillante reflexión.

Otro Erich Hartmann, nacido también en Alemania en 1922, era el orgullo de Hitler. Había derribado trescientos cincuenta y dos aviones aliados. Los soviéticos lo llamaban «el diablo negro».

Durante los veintidós años que pasé en las zonas más pobres y violentas del mundo, he recibido una considerable cantidad de palizas, golpes inesperados, como ya habréis notado.

A veces me pregunto cómo sigo teniendo la nariz en su sitio.

¿La tengo en su sitio?

Dejadme que consulte la portada del libro.

No voy a negar que quizá alguna de aquellas agresiones la mereciera por haberme metido donde no debía estar, con esa pasión que me caracteriza por cruzar fronteras y, cuando empezaba en este oficio, por ser un poco altivo.

También he vivido situaciones degradantes, como las horas que pasé jugando al billar con Emmanuel. En puestos de control, en aduanas, donde he sido víctima de un poder arbitrario, rastrero, gratuitamente destinado a tratar de humillarme.

Dale a un hombre un arma, una botella de alcohol y tendrás un demonio. Dale a un bobo un uniforme y se creerá destinado a dominar el mundo.


En las favelas de Brasil, recibí un puñetazo de la nada, solo por andar caminando con mi cámara. En la India, un policía me cogió por detrás del pelo y me tiró al suelo. Yo iba pedaleando de lo más tranquilo con mi bicicleta. Imagino que por donde no debía. Terminé en un calabozo.

En el narcoestado de Surinam, en 1995, no tuve mejor idea que tratar de apaciguar a un hombre que, borracho, arrastraba por el suelo a una mujer a la que cogía del pelo. Los gritos me habían despertado en medio de la noche. El hombre hizo un movimiento rápido, sacó de la espalda un machete y me amenazó con él.

En 2008, en el norte de Afganistán, me sacaron a golpes de un hospital. Alguien me había dado permiso para rodar. Pero luego llegó otro alguien al que no le pareció una buena idea, pues había mujeres entre los pacientes. Problemas de comunicación interna.

También en el hospital Al Shifa de Gaza, en 2014, tuve algún desencuentro con milicianos de Hamás alterados porque un alto mando había ingresado herido y la pagaron conmigo y con mi cámara. Entraron como una tromba en la planta donde se realizan las cirugías y me echaron furiosos.

¿Qué sentí tras aquellas agresiones? Al principio, rabia. Ganas de volver y vengarme como fuera. Un pensamiento ridículo si tenemos en cuenta las circunstancias.

No iba a regresar con un fusil a disparar al niño soldado en Sudán o al hombre del machete en Surinam, ni con el ejército español a detener al intolerante que me echó del centro médico en Herat.

Sin embargo, pasadas unas horas, la ira se desvanecía. Pues, de regreso al hotel, tienda de campaña o donde fuera que pasara la noche, me hacía las siguientes preguntas:

¿Quién ha elegido meterse en Sudán?

Yo.

¿Quién se ha adentrado solo, como un tarado, a caminar con una cámara por una favela de Río de Janeiro?

Yo.

¿Y te han agredido porque eras tú, Hernán Zin? ¿Te conocen? ¿Tienen algo contra ti? ¿O has cometido una imprudencia en un lugar violento al que has ido por tu propia voluntad?

Pues eso.

Otra de las mayores lecciones que me ha dejado la guerra: nada es personal. Y si te lo llevas al ego, has perdido por partida doble, pues no solo tienes el ojo morado, sino que pasarás días, semanas, meses, rumiando rencor.

No debes dejar que el ego se regodee en la afrenta, que entable su habitual diálogo con nuestra cabeza y ambos se carguen de victimismo, de fantasías de venganza que nunca vas a realizar, de diálogos imaginarios en los que le explicas al otro el terrible daño que te ha causado.

No pierdas el tiempo.
No te salgas de tu centro, de tu camino.
No te des ese lujo.
Nada es personal.

# Non Smoking War

*Eres lo que haces*

*Kenia, 2008*

Mi amada Kenia se había sumergido en una guerra fratricida. Las calles del centro de Nairobi estaban desiertas. El famoso hotel Stanley se había vaciado de turistas. Los leones, jirafas y elefantes del parque nacional Masái Mara no tenían quienes les tomaran fotografías.

Yo rebotaba de avión en avión para cubrir los nuevos conatos de conflictos que se iban desatando por todo el país.

En la ciudad de Kisumu, pegada al lago Victoria, un conductor me recogió en el aeropuerto y me llevó a toda velocidad hacia el pueblo de Chepilat.

Las últimas noticias decían que dos tribus, los kisii y los kalenjin, estaban protagonizando una batalla campal con arcos y flechas.

Mientras avanzábamos por la carretera, me preguntaba cómo demonios debía protegerme.

Nadie me había preparado para eso.

No era fuego de mortero que, apenas escuchas el disparo, debes tirarte al suelo y cubrirte la cabeza para evitar al máximo la fragmentación que se produce cuando el proyectil colisiona con la tierra.

No eran balas, que rebotan contra lo que encuentran en su camino y debes tratar no solo de proteger tu cabeza y tus órganos vitales, también tus piernas. Un disparo que te cercena una arteria en el muslo puede hacer que te desangres en cuestión de minutos.

Se trataba de flechas, que volaban sin cesar, en todas direcciones, lanzadas por estas dos tribus que durante décadas habían convivido con sus tensiones, pero sin violencia, en aquel pueblo de precarias casas de ladrillo con techos de chapa.

Me bajé del coche, saqué mi cámara del maletero, la encendí y empecé a correr por las callejuelas de Chepilat. Al salir a la carretera principal, me escondí detrás de un coche. A lo lejos, los hombres, con sus arcos, corrían de un lado a otro. Se parapetaban, apuntaban y lanzaban esas delgadas cañas con puntas de metal que producían un silbido sordo, para luego volver a moverse. Pequeños de altura, vestidos con vaqueros y camisetas la mayoría, otros con zapatos y americanas, parecían propulsados por una corriente eléctrica.

Casi todos llevaban machetes en la cintura.

También había adolescentes y niños en aquella contienda.

Unos minutos más tarde, aparecieron al final del pueblo varios camiones del ejército. Con sus cascos, sus escudos y sus fusiles AK-74, los soldados se fueron colocando entre los protagonistas del enfrentamiento. Un comandante, vestido con uniforme de camuflaje, comenzó a dar órdenes a través de un megáfono. Hablaba en suajili, tanto a sus hombres como a los miembros de ambas tribus.

—Tranquilidad, por favor —repetía con voz grave y perentoria.

Los kalenjin y los kisii se empezaron a retirar a sus respectivas orillas. No solo aquella arteria dividía al pueblo, también el territorio ancestral de ambas comunidades: las provincias de Nyanza y la del Valle del Rift.

Respiré con alivio, aunque no me diera tiempo a grabar nada valioso ni a responder a la pregunta de cómo debe uno protegerse en una guerra con arcos y flechas.

Mejor así.

Lo que sí hice fue mirar el reloj con perplejidad.

¿Arcos y flechas?

¿En qué siglo estaba?

Me encontraba en el siglo XXI. En los meses de diciembre de 2007 y enero de 2008. Las elecciones generales acababan de empujar a Kenia a las fauces del odio tribal.

Al terminar el escrutinio, la oposición acusó al presidente Mwai Kibaki de haber recibido más de un millón de votos fraudulentos. Su rival, Raila Odinga, líder de los luo, se había negado a aceptar el resultado que lo dejaba en segundo puesto. Los observadores de la Unión Europea ratificaron que se habían producido irregularidades.

Ese fue el detonante de una guerra civil en la que las cuarenta y tres tribus del país empezaron a matarse mutuamente, a echar por la fuerza a los que consideraban extranjeros de sus territorios. Una iglesia incendiada con medio centenar de personas dentro en Eldoret. Batallas campales, con machetes, en las calles de Kibera, el barrio de chabolas más grande de África. Sus habitantes, luo y luya, gritaban: «Basta de privilegios para los kikuyu».

El presidente Mwai Kibaki era justamente miembro de los kikuyu, la tribu a la que los británicos habían empoderado siguiendo la máxima *divide et impera*, que les funcionó a los romanos para imponerse a la Liga Latina en el 338 a. C.

Además de favorecer a un grupo, del que saldría el primer presidente del país, Jomo Kenyatta, los colonizadores habían jugado a trasladar de una región a otra a los miembros de las diversas tribus.

A lo largo de las semanas de violencia postelectoral, cargadas de estupor y sufrimiento, grababa y entrevistaba a familias que huían con un colchón, algunos enseres y los niños a cuestas. Volaba de la región de los luo, pegada a Uganda, a Monte Kenia, cuna de los kikuyu.

«Nos tenemos que ir, nos tenemos que ir», era una de las frases que más recuerdo, así como el miedo en las caras de las familias. La fisonomía del país se estaba reorganizando a golpe de machetes, arcos y flechas. Cada tribu debía volver a su región. Esa era la máxima. Se había acabado la convivencia, quien no cogiera sus pertenencias y saliese hacia otra zona estaba expuesto a ser asesinado.

En total, más de seiscientos mil desplazados y mil cien muertos.

La llegada de Kofi Annan a finales de enero, que se sentó a hablar con todas las partes en busca de una salida al fiasco electoral, y la presión de la Corte Penal Internacional, liderada por el fiscal argentino Luis Moreno Ocampo, sirvieron para rebajar las tensiones.

La calma volvía a regresar a Kenia, aunque aún había grupos de desplazados durmiendo a la intemperie en los parques de Nairobi.

Los últimos coletazos de la ola de violencia postelectoral los presencié en Chepilat, donde vi volar las flechas de un lado a otro de la carretera. Al llegar los militares para poner orden, regresé a Kisumu, cuna de los luo, para recorrer su hospital.

En una sala con un camastro, a la que llamaban «quirófano», grabé cómo los médicos sacaban las puntas de metal de las carnes de las víctimas. Los kalenjin, que se dedican a la cría de ganado, y los kisii, que son agricultores y empresarios.

Habían muerto treinta y tres personas aquel día.

Recuerdo que, extenuado tras haber recorrido el país de punta a punta, llamé a mi buen amigo Víctor para que me llevara a tomar algo en las inmediaciones del centro comercial Westgate, donde están los bares de la ciudad. Fútbol en los televisores, *nyama choma* (carne a la parrilla), música a todo volumen y cerveza Tusker.

Necesitaba un respiro.

Víctor me pasó a buscar por el hotel. Comentamos la inesperada y terrible situación que había sufrido nuestra adorada Kenia. Por precaución, había escapado con su mujer y sus hijas a la casa de sus suegros en un pueblo cercano.

Cuando Víctor se detuvo con su Land Rover frente a un bar, bajé con un cigarrillo encendido en la boca. De la nada, saltó un policía diciéndome que estaba prohibido fumar.

Era verdad.

Meses antes de que estallara la violencia, las autoridades kenianas habían prohibido la nicotina en las calles. Poco importaba que los *matatus* (minibuses) largaran un humo negro que te ahogaba, que el 45 % de los habitantes de la capital malvivieran en barrios de chabolas como Kibera o Mathare, donde el 30 % sufría de enfermedades como el sida, donde no había saneamientos, ni sistema de recolección de basura ni corriente eléctrica.

No, lo fundamental era copiar a Nueva York y no dejar que nadie fumara en las aceras, aunque esta ciudad de la costa Este de EE. UU. ahora huela a marihuana en cada esquina. Ironías que nos desvela el paso del tiempo.

La multa era de cien mil chelines, unos seiscientos euros, o tres meses de cárcel.

Poca broma.

Y poca paciencia la mía. Extenuado físicamente, roto por dentro tras haber visto tanto dolor, me rebelé contra aquel policía que llevaba un bastón de bambú y un uniforme azul.

—Hace nada el país estaba en llamas y ahora me quieres multar por fumar, vete a la mierda —le dije en inglés, y me dirigí en dirección al bar.

Víctor, que habla perfectamente suajili, se acercó con una sonrisa al hombre, lo cogió por el brazo y se lo llevó hacia otro lado. El policía estaba tan cabreado como yo. Si no hubiese sido por la intervención de mi amigo, me hubiese dado unos buenos palazos. Las fuerzas del orden en Kenia no tienen fama de amigables.

Víctor le metió unos chelines en el bolsillo y le explicó que yo había estado por todo el país con mi cámara.

Ahí quedó la cosa.

No sé, hay instantes en que me resulta imposible seguir digiriendo la estupidez del mundo, sus ridículas divisiones, sus delirantes barreras, y las consecuencias que tienen sobre la gente más inocente.

Hasta aquí.

Basta.

No puedo más.

Me bajo.


Después, sentados en la terraza del bar con unas cervezas Tusker, mientras en la televisión pasaban un partido del Manchester United, Víctor me echó la merecida bronca.

Tenía razón.

Es significativo que, durante aquel conflicto, la palabra que más se mencionaba a todas horas era *pamoya*, que en suajili significa «unidos». La repetían en las radios y en las televisiones. Las grandes marcas la ponían en sus publicidades de coches, almohadas, gasolina.

No hay tribus. Somos todos kenianos.

*Pamoya.*

Unidos.

Hasta la compañía de los cigarrillos que ahora estaba fumando, y por el que casi recibo un merecido bastonazo de un policía, había sacado anuncios con la bendita palabra.

No deja de sorprenderme que en este mundo que se ha empeque-
ñecido por la globalización hasta convertirse en una aldea, donde
casi todos estamos conectados a través de los teléfonos móviles,
donde puedes volar de un continente a otro en cuestión de horas,
sigan teniendo tanta importancia las identidades colectivas.

Cuarenta y tres tribus solo en Kenia.

Como punto de partida es legítimo. Has nacido en un lugar cuya
cultura te ha forjado de alguna manera. Sus tradiciones, sus músi-
cas, su comida. Allí está la gente que quieres. Hay un componente
emocional, que yo no tengo, pero que respeto y comprendo.

Mi país es el planeta.

Mi tribu, todos sus habitantes.

Mi religión, los derechos humanos.

Mi ideología política, la compasión y la libertad.

Mi único juez, el espejo en el que me miro cada mañana.

Lo que me cuesta entender es cuando esa relación con determinado sitio te hace sentir orgulloso, superior al resto, distinto.

Ahí comienzan los problemas.

Durante miles de años fuimos felices cazadores recolectores. De
valle en valle, con nuestras familias, buscando qué comer y dónde
pernoctar a salvo de las fieras. A veces nos encontrábamos con otros
nómadas y, si la cosa se torcía, nos matábamos con lo que tuviéra-
mos a mano.

A la edad en que muchos jóvenes de hoy siguen debatiéndose si
deben abandonar la comodidad de la casa de sus padres, nosotros
teníamos una docena de hijos y con suerte nos quedaban unos pocos años por delante. Sin embargo, cuán libres éramos. Podíamos ir
a cualquier parte. Teníamos que ir a cualquier parte.

Hasta que un día a alguien se le ocurrió poner ramas y rocas
alrededor de un trozo de tierra para luego decir: «Esto es mío».

Como un niño.

Lo que aquel hombre no supo vislumbrar cuando proclamó su
propiedad sobre lo que hasta ese momento era de todos y empezó a

tirarle semillas, es que las heladas, las plagas o las sequías podrían arruinarle la cosecha. En lugar de largarse a cazar al siguiente valle, él estaba allí, atrapado en su parcela.

Tampoco se imaginó que aparecerían quienes elevarían su idea a la enésima potencia y que dirían que todas esas tierras, hasta donde llega la vista, les pertenecían.

Señores feudales, imperios, altos jerarcas religiosos, que le mandarían a sus soldados a cobrarle impuestos sobre las cosechas. Eso cuando no se inventaban el derecho de pernada sobre sus hijas.

Como estos poderosos empezaron a vivir del sudor ajeno, y a acumular capital, pudieron invertirlo en hacer crecer sus ejércitos para invadir nuevos territorios bajo el reclamo de una frontera no respetada, de una bandera mancillada o de expandir una religión.

El cazador recolector tenía suficiente con lo que podía llevar a cuestas. Eso le bastaba. Vivía el momento.

El agricultor que reclamó como propio aquel terreno nos abrió la posibilidad, y en la mayor parte de los casos la fantasía, de poder generar y gozar de vastas fortunas. Reyes, tribus, estados nación, colonias, grandes compañías multinacionales, fondos de inversión, milmillonarios con barcos de lujo y aviones privados. Esclavos, dolor, guerras interminables, desigualdad, destrucción del planeta.

Confundir tu propia identidad con la de tu lugar de pertenencia implica no saber quién eres realmente. Y esto te hace vulnerable. Te expone a las manipulaciones de quienes aprovechan esas divisiones para enfrentarnos, para sacar provecho personal, sea económico o en sus delirantes fantasías de poder.

En cada guerra he visto las nefastas consecuencias de esta dinámica que tantos millones de vidas se ha llevado por delante en el siglo xx y que continúa en plena forma a pesar de los adelantos tecnológicos de las últimas décadas.

Más allá de nuestro barrio, nuestra provincia, nuestro país, nuestra cultura, nuestras ideas políticas, religiosas, morales, somos todos lo mismo.

Es algo que también he comprobado de manera empírica al haber estado más de ochenta países. El 99 % de la gente solo desea estar con sus seres queridos y ganarse el sustento de una manera digna.

Esa es la transversal que nos aúna como especie.

Es nuestra mayor conexión.

El deseo compartido de tener una vida plena y segura.

*Pamoya.*

Eso es lo que mantiene mi fe, más allá de los horrores de los que he sido testigo, en la condición humana.

La cuestión fundamental es que tu identidad no es mejor que otras ni se define por oposición a las demás. Ahí es tu ego quien te habla y te confunde. Ese animalillo asustado que llevas dentro y que se agarra a lo que sea para sentirse reivindicado.

Tu verdadera identidad te la ganas todos los días con lo que haces. Eso es lo que realmente eres como persona. Implica trabajo, valores, compromiso. La bandera que llevas colgada del espejo retrovisor significa muy poco en comparación a lo más importante: la forma en que te conduces, en que te relacionas con los otros y con el mundo.

# Volar para contarla en Mogadiscio

## Perdona sin pensarlo

*Somalia, 2010-2011*

La primera vez que viajé a la capital de Somalia, lo hice en un turbohélice canadiense Dash 8 alquilado por el Programa Mundial de Alimentos. Al acercarnos a nuestro destino, me levanté del asiento y le pregunté al comandante, que se llamaba Charles Waruru, si podía entrar a la cabina para grabar el aterrizaje. Hizo un gesto positivo con el pulgar y me dio unos auriculares con micrófono para que nos pudiéramos comunicar.

—¿Ves esos botes? —me dijo.

Me incliné hacia la ventanilla del copiloto y vislumbré unas precarias embarcaciones que se mecían plácidamente en las aguas esmeraldas del océano Índico.

—Están allí todas las mañanas.

—¿Pescadores?

—Sí, de aviones —me dijo con el habitual humor keniano.

Estaba intentando grabarlos, afinando al máximo el foco, cuando el comandante agregó:

—Agárrate.

Acto seguido, movió los brazos bruscamente y la aeronave realizó un giro vertiginoso hacia la izquierda al tiempo en que comenzó a descender.

No sé qué parte de «agárrate» no entendí bien. La cámara se me cayó al suelo. Los auriculares volaron por los aires. Traté de aferrarme a algo, pero estaba rodeado de botones y palancas. Si aquella maniobra nos salvaba de los misiles de Al Shabab, no quería ser yo el responsable de un accidente por haber puesto las manos donde no debía.

Una vez en tierra, Charles me contó que un par de semanas antes un misil casi los alcanza.

—Nos pasó a pocos metros. Es más, cuando ya había logrado aterrizar, dos proyectiles más cayeron sobre la pista.

—Los pasajeros se pusieron a gritar como locos —me dijo.

Recuerdo que, apenas entré a la terminal del aeropuerto de Mogadiscio, me dieron un formulario en el que debía rellenar el número de pasaporte, dirección y especificar las armas y munición que llevaba. Número de serie, calibre. No sé si esperaban a Rambo o a alguien parecido, pero había cuatro renglones para poner la información sobre el arsenal personal que se suponía que un pasajero medianamente cuerdo debía traer consigo al país.

Aquella suerte de vasto galpón tenía las ventanas cubiertas con sacos de arena, los cristales rotos. Había soldados somalíes y efectivos de la misión de paz de la Unión Africana por doquier. Después, mientras escribía los datos en la hoja de migraciones, me llegó un mensaje de la empresa de telefonía móvil local: «Ku soo dhowow SOMAFONE. Please call 101 for more help».

¿Les damos la bienvenida desde SOMAFONE?

¿Llame al 101 si necesita ayuda?

El país está ocupado en un 90 % por unos islamistas que decapitan a la gente, secuestran a los extranjeros, colocan coches bomba y disparan a los aviones.

Claro que necesito ayuda.

Toda la del mundo.

Y algunas armas, por lo que estoy viendo.

Me acerqué a Charles. Le mostré el mensaje.

Se rio ante mi cara de perplejidad.

—Es que en Somalia están todos bastante locos. ¿Tú te crees que solo nos disparan donde está Al Shabab? Nos disparan en todas partes. Yo creo que es por diversión. Unos tíos que ven pasar un avión y dicen: «Vamos a ver si lo derribamos». Quizá hasta apuestan algo. ¿Quién sabe? Este es un país salvaje, con muchas armas, muchos años de guerra y sin ley —me dijo, y se giró hacia el copiloto, un corpulento sij de turbante azul llamado Raju—. ¿En cuántas ocasiones nos habrán disparado hasta ahora? ¿Quince? ¿Veinte?

—Aproximadamente.

Ambos hombres volaban dos veces por semana desde Kenia, poniendo en juego su seguridad, para llevar a funcionarios de la ONU, cooperantes, políticos y militares a distintos lugares del país: Hargeisa, Garowe, Bosaso, Galcaio y Mogadiscio.

Como trabamos una sincera amistad con Charles, me dejaba acompañarlo en la cabina durante los vuelos. En una ocasión, de camino a Galcaio, ciudad asediada tanto por Al Shabab como por los señores de la guerra, me dio una mala noticia apenas me arrodillé a su lado y me puse los auriculares.

—¿Has escuchado una explosión al despegar?

—Sí —le dije, aunque era mentira, mi imaginación escuchaba explosiones todo el tiempo.

—Se nos ha reventado un neumático.

—¿Y qué vamos a hacer?

Charles, kikuyu sonriente, padre de dos niñas y con una mujer encantadora con las que cenaría una noche en su casa en Nairobi, soltó una carcajada.

—Nada, tenemos tres ruedas.

—¿Estás seguro?

—Lo controlo sin problemas.

Como si aquella buena nueva no agregara suficiente dramatismo al viaje, me explicó cuál era el protocolo para aterrizar en aquel aeropuerto.

—Tenemos que llamar cada veinte minutos a medida que nos acercamos.

—¿Para?

—Por si hay gente sospechosa en la zona.

—Me quedo más tranquilo.

—Tenemos una palabra clave. Si nos la dicen desde el puesto de control o si no responden, seguimos hacia el próximo aeropuerto. Ya se han llevado a varios compañeros.

Era cierto.

En aquella región, cuna de la piratería en el país, los grupos armados habían secuestrado, además de a tripulaciones de aeronaves, al periodista francés Gwen Le Gouil, al fotógrafo gallego José Cendón, a la médica española Mercedes García y la enfermera argentina Pilar Bouza que trabajaban para Médicos Sin Fronteras. Los más recientes en ser privados de su libertad habían sido un danés y una estadounidense que estaban desactivando minas para el Danish Demining Group (DDG) en las inmediaciones del aeropuerto.

Más allá de un par de sacudones, aterrizamos sin problemas en la maltrecha pista de Galcaio, ciudad a la que los colonizadores italianos llamaban Rocca Littorio. Parte del pasaje bajó hacia los coches con escolta armada que aguardaban en la carretera de aquel lugar polvoriento, rodeado de barreras de hormigón. Cuando descendí con la cámara para grabar el neumático destrozado, un soldado me empezó a gritar apuntándome con su fusil.

—Mejor vuelve al avión —me aconsejó Charles—. Esta gente tiene muy mal carácter.


El descenso a los infiernos de Somalia comenzó en 1991. Tras la caída del dictador Mohamed Siad Barre, los distintos clanes y señores de la guerra empezaron una brutal guerra por el poder.

El más sanguinario era Mohamed Aidid, que impedía que la ayuda humanitaria llegara a las víctimas de la hambruna que aquel año estaba sufriendo el país.

George Bush, presidente de EE. UU., decidió intervenir militarmente para garantizar la distribución de alimentos en el marco de una misión de la ONU que tuvo como epicentro el aeropuerto. En su pista aterrizaron mil trescientos marines el 9 de diciembre de 1992.

Comenzaba la operación Restore Hope.

Desde allí partieron también miembros de los Rangers y la Fuerza Delta a bordo de varios helicópteros para cazar a Aidid, como cuenta Ridley Scott en la película *Black Hawk derribado*. Más de ochocientos somalíes fallecieron en la frustrada misión, que costó asimismo la vida a diecinueve miembros de las fuerzas especiales de EE. UU.

La peor derrota desde la guerra de Vietnam, simbolizada en una fotografía, la del sargento Cleveland siendo arrastrado por una multitud de furiosos somalíes en octubre de 1993.

Esa imagen cambió para siempre la historia de la región.

El nuevo presidente, Bill Clinton, no aguantó la presión mediática y retiró a sus tropas cuatro días más tarde. Algo que hizo que, en 1994, ignorara los primeros llamados de auxilio desde Ruanda, cuando comenzaba el genocidio. Había jurado que ni un solo soldado estadounidense volvería a pisar el continente.

La foto del sargento Cleveland la sacó el reportero canadiense Paul Watson, que se jugó el pellejo para cubrir los desastres provocados por aquella operación caminando solo por las calles de Mogadiscio.

Ganó el Premio Pulitzer, pero perdió su salud mental.

Al volver a su país, comenzó a sufrir ataques de pánico por el estrés postraumático, como cuenta en el libro *Where War Lives*. No lo sabía cuando leí aquella obra, pero a mí me esperaba un destino similar. Tardaría años, pero terminaría por alcanzarme dentro de un carro blindado en Afganistán.

Paul Watson concluye que el derribo de los helicópteros Black Hawk fue la «primera victoria de Al Qaeda sobre Estados Unidos».

Este admirable reportero, que había sido anteriormente linchado en Irak, demoró una década en reunir el valor para ponerse en contacto con los familiares del sargento Cleveland.

En 1995, el último vuelo de la ONU abandonó Somalia. Terminaba así la fallida operación para desarmar a los señores de la guerra, a sus clanes, y llevar ayuda humanitaria. Un año más tarde, el señor de la guerra Mohamed Aidid se autoproclamaba presidente del país.

El aeropuerto dejó de funcionar

Nadie en su sano juicio querría volar a un estado fallido, inmerso en una lucha fratricida que los clanes llevaban a cabo en cada calle, en cada pueblo, con una crueldad difícil de imaginar.

Como el gran negocio de la guerra siempre encuentra la manera de prosperar, el flujo de armas y del narcótico que los somalíes mascan a todas horas y que se conoce como *khat* nunca se interrumpió. Vuelos clandestinos llegaban desde países vecinos a una pista de tierra situada a cincuenta kilómetros de Mogadiscio.

Es curioso el empeño que he dedicado a tratar de acceder a lugares a los que en general a casi nadie le interesan, que no encuentran eco en la prensa internacional. Una *Trampa 22*, mi libro favorito, en toda regla. Como despiertan escaso interés, deduzco que allí voy a ser más útil, pero lo cierto es que despiertan escaso interés. Y es así como en tantas ocasiones me costaba o no lograba vender el material que había grabado, lo que dificultaba la posibilidad de financiarme el siguiente viaje.

Riéndome de mí mismo, me decía: te van a matar en Eritrea, en Chad, en la República Centroafricana y les vas a hacer una putada a tus amigos. Van a tener que buscar en el mapa dónde queda.

En el caso de la República Centroafricana, también conocida como CAR, lo tendrían más fácil, pues el nombre da una pista de por dónde hay que comenzar a buscar. Sí, por el centro del conti-nente. Mérito absoluto del primer ministro Barthélemy Boganda, que asumió el poder en 1958, cuando los franceses aún dominaban el territorio. Aunque lo asesinaron al año siguiente, tenía buena ca-beza para el marketing.

Si mis días terminaban en Madagascar, allí los quería ver a to-dos. ¿Empezamos a buscar por África o por Asia? Deletréame por favor el nombre de la capital otra vez. Es que no lo he llegado a comprender.

Antananarivo.

Más despacio, por favor.

An-ta-na-na-ri-vo.

Gracias.

Así se llama la ciudad más poblada de Madagascar.

Una urbe pestilente, plagada de barrios de chabolas, en un país maravilloso pegado a la costa occidental de África.


Pasé años golpeando las puertas de Somalia sin que se me abrieran. No conseguía los contactos correctos. No daba con alguien que me pudiera garantizar la seguridad en el terreno. Tampoco lograba que me dieran un visado, ante el caos que supone que el país tuviera varios gobiernos en simultáneo. El que reconoce la comunidad in-ternacional, el que tiene el verdadero poder, sea un señor de la gue-rra o una milicia islamista, y los de las regiones secesionistas como Somalilandia o Puntlandia.

Cuando en 2006 se alinearon los astros para que pudiera viajar a Mogadiscio, durante un periodo en el que la ciudad estaba en rela-tiva calma, comenzaron las guerras en Gaza y el Líbano, por lo que tuve que devolver el pasaje.

A lo largo de los siguientes años, las puertas se me cerraron nue-vamente, con el agravio añadido de que la piratería en el estrecho de Adén estaba generado un inusitado interés en Somalia.

A modo de sucedáneo, pasaba semanas en el puerto keniano de Mombasa, esperando a que atracaran los grandes barcos por cuyo rescate los gobiernos europeos pagaban millones de euros, que lanzaban desde aviones en maletas al desierto para alegría de aquellos pescadores somalíes convertidos en bucaneros.

Fui testigo del arribo del carguero Maersk Alabama. Pude entrevistar a su tripulación. En su mayoría, marineros filipinos. Una odisea que retrataría el director británico Paul Greengrass en la película *Capitán Phillips*.

La otra opción a la que recurría para poder seguir de cerca el secuestro de barcos en la zona era asistir a los juicios que se celebraban contra los piratas que habían tenido la mala suerte de ser capturados en alta mar.

En los pasillos de los juzgados de Mombasa, entrevistaba a aquellos jóvenes somalíes, en los huesos, vestidos con chanclas, una vieja camiseta y una tela alrededor de la cintura, que poco entendían de lo que estaba aconteciendo y que se enfrentaban a penas de treinta años de prisión.

Como todo en esta vida es cuestión de perseverancia, de golpear las puertas hasta que te sangren los nudillos, en 2010 logré viajar por primera vez a Somalia.

Mogadiscio estaba en uno de sus peores momentos. Las milicias de Al Shabab dominaban el 90 % del país. En las calles de la capital, tenía lugar una guerra de trincheras entre los islamistas y la fuerza de paz que había mandado la Unión Africana.

¿Cómo lo conseguí?

Se me había ocurrido rodar un documental llamado *Volar para contarla*, en el que retrataría la vida de los pilotos que se jugaban el pellejo para aterrizar cada semana en aquel territorio en el que te daban la bienvenida con lanzagranadas desde un barco.

Hablé con varias compañías privadas a las que contrataba la ONU y que partían desde Nairobi. Salvo las que se dedicaban al tráfico de armas y de *khat*, en el resto me dijeron que sin problemas. Como se suponía que era parte de la tripulación, no necesitaba permiso alguno para moverme con libertad por el país.

En aquel año me desquité de haber esperado tanto. Volé de manera constante junto a Charles Waruru, su inseparable Raju, y otros pilotos. Una necesidad que se volvió aún más imperiosa en 2011, cuando el conflicto armado se vio agravado por una hambruna de proporciones bíblicas y una epidemia de cólera. La excusa del documental no daba más de sí. Sin embargo, tras tanto perseguir a ministros somalíes en el exilio en Nairobi, conseguí un visado y me tomé un avión de pasajeros de African Express Airways.

Aunque casi nadie lo contase, debido a aquella terrible catástrofe humanitaria murieron ciento veinte mil personas en menos de tres meses.

Paradójicamente, Somalia, con sus casi diez millones de habitantes, tiene una ventaja con respecto a otros estados africanos: la cohesión social. A diferencia de la vecina Kenia, que está compuesta por cuarenta y tres tribus, los somalíes pertenecen mayoritariamente al mismo grupo étnico y comparten un mismo idioma. Solo minorías históricamente relegadas por sus raíces bantúes, como los jareer, permanecen al margen.

No obstante, como de alguna manera los humanos tenemos que dividirnos y enfrentarnos, los somalíes están organizados en seis grandes clanes: Digil, Rahanweyn, Isaq, Darod, Dir y Hawiye. Grupos estos que a su vez se escinden y fragmentan en un archipiélago de subclanes que suelen estar gobernados por los ancianos de cada comunidad.

En cierta medida, esta forma de organización social se explica por la hostil fisonomía del Cuerno de África. La implacable sordidez del desierto, la recurrente escasez de lluvias, los animales que mueren por falta de agua. Ante esta adversa realidad, el clan es la última respuesta.

Los somalíes no preguntan de «dónde» vienes sino de «quién» vienes. Sostienen que los niños son capaces de recordar su genealogía, que se remonta a un antepasado masculino común, a lo largo de veinte generaciones.

«De todas las razas de África, no hay ninguna mejor para convivir que la más difícil, orgullosa, brava, vanidosa, despiadada y amistosa: los somalíes», escribió Gerald Hanley, al que Ernest Hemingway calificó como el escritor más prometedor de su generación.

No puedo estar más de acuerdo.

Me recuerdan a los afganos, que pueden ser tan generosos y hospitalarios como brutales. Aunque los somalíes tienen a todas horas un sentido del humor y un olfato para los negocios que no poseen los barbudos del Hindú Kush.

En aquella visita a los hospitales y los campos de desplazados durante la hambruna de 2011, descubrí también otra cara del ese pueblo tan castigado: el trauma colectivo que sufre.

Algo que era evidente en los rostros de las madres que, a pesar del fuego cruzado, vagaban por las calles en busca de comida, de los niños malnutridos que llevaban en sus brazos, de los ancianos cubiertos de moscas bajo los plásticos de tiendas improvisadas en las carreteras. Quizá por ellos, me empecinaba en regresar a otro lugar al que nadie parecía importarle, dejando a un lado la piratería.

Durante el dominio colonial italiano y el posterior gobierno del general Mohamed Siad Barre, los clanes disfrutaron de un periodo de relativa estabilidad. El derrocamiento del dictador en 1991 sumió a Somalia en una espiral de violencia que aún hoy continúa.

Más de tres décadas de guerra civil.

En el pasado, las trifulcas entre estos grupos se dirimían con lanzas. Ahora tenían fusiles, morteros y lanzagranadas. Primero la

Unión Soviética y luego EE. UU., habían inundado con armas el país para ganarse su favor durante la Guerra Fría.

El odio atávico y los traumas cultivados a lo largo de los siglos, sumados a la tecnología militar moderna, crearon una ecuación devastadora.

Mohamed Aidid, el señor de la guerra que logró expulsar al ejército de EE. UU., era el líder máximo del clan Hawiye.

¿El coste de este cambio de paradigma?

Millones de exiliados en el campo de refugiados de Dadaab, situado en la vecina Kenia. Más de quinientos mil muertos. Y un estado ausente, corrupto, atomizado, incapaz de proteger a sus ciudadanos.


Un viejo proverbio somalí dice: «Mi nación y yo contra el mundo. Mi clan y yo contra mi nación. Mi familia y yo contra el clan. Mi hermano y yo contra la familia. Yo contra mi hermano».

Esta sucesión de afrentas entre grupos rivales, sea en Somalia, el Congo, Bosnia, Ruanda, el Líbano, crea lo que llamo «la espiral del trauma».

Tu abuelo mató a mi abuelo. Eso me genera un trauma que reverbera en mi ego y en mi mente, que me carga de odio, aunque sepa que mi bisabuelo violó a tu bisabuela y os echó de vuestras tierras.

Ahora me toca a mí enmendar el agravio. Ante la más mínima provocación de tu grupo, cogeré un fusil, un machete, armaré una milicia y saldré a buscarte, sin pensar en ningún momento que tus hijos sufrirán un trauma que seguramente busquen en un futuro ajustar con mis hijos o mis nietos.

Lo mismo sucede con nuestros pensamientos cuando discutimos con alguien. Entran en una espiral de reivindicaciones, de dolor, de odio.

Tengo este derecho.

Tú me has hecho esto.

En algún momento esta espiral se tiene que acabar.

Simplemente por una cuestión práctica. La vida es demasiado corta para malgastarla de esta manera. Tenemos demasiadas cosas bellas que hacer, tanto que aprender, que construir.

Cada respiración, cada instante de conciencia, es un milagro. ¿Se lo voy a regalar encima a quien me ha hecho o me ha intentado hacer daño?

No estoy diciendo que cedas ante los abusos de nadie. Debes responder con firmeza. Salir de una relación poco sana, denunciar, llevar a los tribunales a quien te ha agredido si hace falta, o sentarte frente a él y decirle lo que sientes. Pero debes luchar para que te afecte lo mínimo indispensable. No somos máquinas. Las ofensas nos duelen, lo sé. Es un ejercicio más fácil de enunciar que de llevar a cabo.

Lo que sostengo es que no debemos hacer propias las miserias ajenas. Tus debilidades, tu problema. No asumo tus injurias porque no es positivo ni para ti ni para mí.

Las expulso de mi mente, de mi ego, de manera inmediata.

No pierdo un segundo contigo.

Otro camino es intentar vislumbrar qué ha movido a esa persona a lastimarnos. Qué traumas o miserias sufre. Apuntar nuestra empatía en su dirección. Entender que mucho del dolor que nos rodea proviene de la debilidad interna de los demás. De sus miedos, de sus maltrechos egos, sus frustraciones, su ausencia de compás moral.

Cada uno tiene su propia batalla interior.


En esta dinámica participamos al menos dos. Si tú te sales, por compasión, porque has expandido tus fronteras mentales y espirituales, porque has soltado el ego y comprendido que esta existencia es demasiado efímera para malgastarla odiando, la espiral desaparece.

Lo fundamental es ser prácticos y seguir para adelante. No dejar que las enemistades, los enfrentamientos, se perpetúen y escalen hasta convertirse en montañas de las que no sabemos cómo bajar o de heridas emocionales que nos pesarán de por vida.

Que el perdón sea casi un acto reflejo.

Inmediato.

Sin pensarlo dos veces.

Son tus miserias.

No son las mías.

Romper la espiral del trauma.

Te perdono.

Me perdono.

# TERCERA PARTE

# ¿Bienvenido a Burundi?

*Entiende la vida como un viaje*

# Dame más gasolina

## ¿Turista o viajero?

*Kenia, 2010*

En una de mis habituales pausas en Nairobi, esta vez de camino al Congo, me levanto a las cinco de la mañana para partir rumbo al aeropuerto.

Madrugón necesario en una cuidad imprevisible, de atascos monumentales, como es Nairobi. *Ma gari mingui?*, una de las preguntas que mayor número de veces he hecho en suajili: ¿Hay muchos coches? ¿Mucho tráfico?

Bajo de la habitación con el equipaje, pago la cuenta y pido un taxi.

En aquellos años, en los que aún Kenia no había despegado económicamente, los conductores solían pedirte el pago por adelantado para luego ir a una gasolinera, echar combustible y llevarte a tu destino. En especial, en los turnos de mañana o de noche, cuando cambiaba el taxista y se dejaban los depósitos casi vacíos.

En una economía de subsistencia, cada céntimo cuenta. De hecho, el guardia de seguridad que solía estar en el pasillo del hotel en el que me alojaba, con el que fui trabando amistad con los años, cobraba veinticinco dólares al mes por pasarse ocho horas ahí de pie, tomarse luego dos horas de autobús hasta su casa en un barrio de chabolas, para repetir lo mismo la jornada siguiente.

No sé cómo lo hacía.

Difícil quejarte de algo cuando abres los ojos a la realidad que late más allá de nuestras fronteras.

Difícil enfadarme con el taxista que me lleva al aeropuerto, cuyo nombre es Patrick, cuando para en la primera gasolinera y descubrimos que se encuentra cerrada.

Algo no termina de encajar. ¿Dónde está la gente, los coches? *Ma gari mingui?* ¿Por qué no suena la canción que en mi cabeza vinculo siempre a Nairobi? ¿La que no dejaba de atronar a todas horas cuando puse por primera vez el pie en esta ciudad?

En cada bar, cada garito, cada tienda, cada taxi, se repetía un único tema: *Dame más gasolina.*

Muy apropiado para esta ocasión.

*Dame más gasolina.*

*Me gusta la gasolina.*

Quién iba a imaginarse que aquella composición de Daddy Yankee, que no estaba mal, debo confesarlo, en comparación con lo que vendría, que grabó en 2002 y no lanzó hasta 2004, sería la semilla originaria de ese género que terminaría por comerse el planeta: el reguetón.


Con desesperación, Patrick pisa el acelerador de su Toyota Corolla de quinta mano, avanza unas calles, gira y para frente a otros surtidores. El lugar está desierto. Pedro Páramo. La cortina metálica bajada. Un cartel que dice CLOSED.

—¿Qué pasa? —le pregunto en inglés.

—Es fiesta nacional. El día de la Constitución.

Seguimos dando vueltas por Nairobi.

El país celebra su segunda carta magna, que se firmó en 1966, pues la primera la hicieron aún bajo el poder de la Corona británica, que encerró y torturó a decenas de miles de kenianos durante los años más duros de la rebelión de los Mau Mau contra la metrópoli.

Aquel 1966 llegó al poder el primer presidente keniano: Jomo Kenyatta. Cuyo nombre creo que ha llevado a tantos hispanohablantes a confundir el gentilicio de este país. No hay titular de prensa, en especial deportiva, en el que no salga algo así como: «Corredor keniata rompe el récord de los 400 metros». Si tenemos en cuenta las formas habituales de denominar a gentes de otras naciones: italiano, australiano, camboyano... lo lógico es decir «keniano».

Vale que nos encante poner etiquetas a todo lo que se mueve, pero al menos que lo escrito en la pegatina tenga coherencia gramatical. Con el sufijo correspondiente, que por elegancia prefiero no mencionar.

Ano.

También el aeropuerto al que ahora intentamos llegar se llama Jomo Kenyatta. Presidente que era miembro de los kikuyu, la tribu a la que apoyaron los colonizadores. Lo que en parte generó la violencia postelectoral de 2007.


Quinta gasolinera cerrada. *Dame más gasolina.* Un poco, aunque sea. Diez litros nos sobran.

*Me gusta la gasolina.*

Bajo del coche y me siento en el puesto del copiloto junto a Patrick. Miro el tablero. La flecha que indica el nivel de combustible está desmayada por debajo del cero.

—¿Crees que te alcanza para llegar al aeropuerto?

—Lo intento.

Nos incorporamos a la Nairobi Expressway. A la derecha, asoman las cabezas de las jirafas del parque nacional de Nairobi. Más cerca aún, la tierra rojiza de la sabana africana que tanto me fascina.

A unos cinco kilómetros, cuando dejamos la ciudad a nuestras espaldas, el coche empieza a carraspear. Se rinde y derrapa lentamente por la inercia hacia la orilla de la carretera.

Salto como un demonio, me despido de Patrick y cojo mi equipaje. Me paro en medio de la ruta decidido a lo que sea: montarme en una cebra que se haya escapado del parque, detener alzando los brazos como un demente al primer vehículo que pase. Aún tengo una hora para llegar al aeropuerto.

No hay sorpresa.

Si escribo este relato es porque perdí el avión que me llevaría a Ruanda. Una hora de vuelo a Kigali, su capital, para luego coger un coche hasta la frontera con el Congo.

—Lo siento mucho —me dice la empleada de Air Rwanda.

—¿A qué hora sale el próximo vuelo?

—Mañana, a la misma hora.

—¿Sabe si alguna otra compañía vuela hoy a Ruanda?

Se encoge de hombros.

Con mi habitual caos de cámaras, maletas y trípode, avanzo a trompicones por la terminal. Pregunto en los distintos quioscos de las líneas aéreas.

—Solo volamos a Yemen, con dos paradas en Somalia —me dice el empleado de African Express Airways.

—Suerte con eso —le respondo, y sigo corriendo.

Cómo iba a imaginar que, en 2011, terminaría tomando aquel avión con destino a Mogadiscio. Pues es una compañía que cuenta con una sola aeronave, así que no hay posibilidad de equivocación. «La más antigua de África», según su eslogan. Algo que no desmiente el estado de su McDonnell Douglas MD-82. Asientos carcomidos, ventanillas rayadas, alguna que otra cucaracha que deambula por el pasillo.

Sale los lunes hacia Yemen. Y vuelve los viernes a Kenia. La parada en Mogadiscio es de apenas unos minutos.

Nunca olvidaré la expresión de sorpresa del resto de los pasajeros, en su mayoría yemeníes, al verme descender en Somalia. Imagino que algunos pensaron horrorizados: «Se ha equivocado». Y que otros se dijeron a sí mismos, con una sonrisa: «Va a durar como máximo una hora ahí fuera».

Lo que no sabían es que un año antes había volado a aquel aeropuerto con el sonriente Charles Waruru y su fiel copiloto Raju.

Tenía entrenamiento.

Así que avancé lentamente hasta la escalerilla, haciéndome el John Wayne, y apenas toqué el suelo de Mogadiscio caminé a toda prisa hacia la terminal.

No me fuera a dar un proyectil de Al Shabab.


Tras encontrarme con varias ventanillas cerradas o ausentes de empleados, doy con Jet Link, una compañía privada de reciente creación.

—¿Tienen vuelos a Ruanda?

—Sale uno en media hora.

—¿Quedan asientos?

La mujer mira una lista en un cuaderno.

—La mitad, más o menos.

—Pues deme ya un pasaje.

—No le da a tiempo a despachar el equipaje.

—¿Lo puedo llevar conmigo?

—Sin problemas —me dice.

Me encanta Kenia.

Por algo es mi país favorito de África.

Si esperabais leer *Hakuna matata* en la respuesta de la mujer, os debo decir que esta expresión se usa en suajili de manera coloquial para responder a un saludo.

¿Qué tal estás?

Bien, sin problemas.

*Hakuna shida* es la forma correcta de expresar: «No hay problema», por más que Disney haya popularizado la anterior.

Lo siento si he empañado los recuerdos infantiles de algún lector. O si algún apasionado de *El rey león* se la ha tatuado. No os preocupéis, hay casos peores. Esas personas a las que con tinta y aguja les grabaron en la piel frases en chino pensando que significaban «Eres un guerrero de luz indestructible», cuando en realidad lo que dicen es: «Tráigame un pato a la naranja y la cuenta».

Una pregunta inocente.

¿Por qué los chinos no se tatúan frases en español?

¿Porque son más inteligentes?

Me parece injusto.

Deberían hacerlo por mera reciprocidad.

Con mi tarjeta de embarque en la mano, paso el control de migraciones del aeropuerto de Nairobi, corro por la estación esquivando a los grupos de turistas despistados, a una mujer que limpia el suelo con una fregona, a los miembros de la tripulación de un vuelo de Kenya Airways. Paso junto a tiendas de souvenirs, perfumerías, una franquicia de Java House y una librería que amo, pero a la que hoy no le puedo dedicar tiempo.

Al llegar a la puerta del vuelo, le enseño victorioso mi pasaporte a la empleada de Jet Link.

—Bienvenido a bordo.

Acomodo como puedo mis trastos entre los asientos y compartimentos.

Despegamos.

La aeronave se inclina y observo la majestuosa sabana keniana. Salpicada de animales salvajes, árboles solitarios.

Estoy tan cansado que me quedo dormido al instante.

«Bienvenidos a este vuelo de Jet Link con destino Burundi», me despierta la voz del comandante.

¿Burundi?

Me desabrocho el cinturón. Camino hacia la azafata.

—Hacemos una parada técnica en Burundi y luego seguimos hacia Ruanda.

—¿Cuánto dura la parada?

—Cinco o seis horas.

—¿Se puede bajar del avión?

La mujer niega con la cabeza.

—Lo siento, debe permanecer en la aeronave por razones de seguridad.

Mientras que en Ruanda el poder lo tienen los tutsis, víctimas del genocidio de 1994, en Burundi lo ostentan sus enemigos, los hutus. La tensión entre ambos países es constante. Por eso no puedes descender si tu destino final es Kigali, la capital de Ruanda.

Sí, sí, más tribus, más etnias, más banderas... que cada barrio sea un país. Qué digo, que cada piso sea un estado independiente. Mi familia contra mi clan.

Os odio, vecinos del quinto.

Pues nada.

Tras aterrizar en este país dominado por los hutus, me recuesto con un libro en un par de asientos que están vacíos. Aunque al rato el avión huele a sudor, hace un calor infernal y no nos dan ni un vaso de agua, disfruto de este tiempo para mí mismo.

Sin prisas.

Sin llamados o correos electrónicos.

Centrado en una buena lectura, tomando apuntes sobre lo que voy a rodar en el Congo y echando alguna breve siesta.

Estoy encantado.

Además, puedo decir que he estado en Burundi.


Me fascina el lugar común sobre los reporteros de guerra y su adicción a la adrenalina. Es una pregunta que no falla en cada entrevista. Y aunque intento desmentirlo, al final sale en la crónica o el reportaje la bendita palabra.

Por supuesto que en un conflicto armado puedes experimentar una vida en dos días. La cantidad de emociones y sensaciones que se revuelven dentro de ti no tiene parangón. Nada en una existencia normal se asemeja a lo que encuentras en un escenario bélico.

Cuando sales entero de una situación extrema —un bombardeo, el fuego cruzado de fusiles y ametralladoras—, la euforia que te recorre por dentro por seguir respirando es casi imposible de contener. Una extraña mezcla de cansancio físico, emocional y a la vez esa frase que te repites a ti mismo: «Joder, que estoy aquí todavía». Agradeces y valoras de manera infinita lo que tienes.

Además, si realizamos otra vez el complicado ejercicio de sacar el dolor de las víctimas, un conflicto armado es un despliegue de estímulos tan desaforado que nunca volverás a enfrentarte a algo semejante. El rugir de los aviones, el resonar de las bombas, el olor a metal quemado, los gritos, las ambulancias, los disparos, las noches iluminadas por las bengalas...

Es un espectáculo dantesco a la vez que inconmensurable.

Supera tu capacidad de asimilación.

Sin embargo, la verdad que nadie cuenta es otra: la guerra exige infinita paciencia porque no te viene a buscar a tu casa, sino que te desplazas a ella. Y como en cualquier buen viaje, poco control tienes sobre el devenir de los acontecimientos.

La mayor parte del tiempo no haces más que moverte de un lugar a otro. Esperar a que alguien te deje superar una frontera, abra fuego, lance un misil o comience una ofensiva. Puedes estar semanas aguardando a que la furia de las armas deje de estar latente, se ponga de pie y se lleve por delante lo que encuentre en su camino.

Cuando viajas tienes dos opciones: tomarte lo que venga como positivo o sufrir como un condenado.

En la vida sucede algo parecido.

Tú eliges: ¿turista o viajero?

El turista hace casi todo lo que le dice la persona que avanza con la banderita delante del grupo. «Mañana nos levantamos a las seis, desayunamos algo rápido y cogemos el autobús para visitar el museo de las locomotoras, luego pasamos por una tienda de souvenirs y almorzamos en un lugar emblemático en el que comió Ernest Hemingway».

Hombre de apetito voraz.

No hay menú que se le haya escapado.

El turista no se cuestiona si la guía cobra comisiones de la tienda de recuerdos. No se regala la libertad de poder cambiar de itinerario si aparece algo sorprendente, que lo estimula, que lo podría hacer crecer tanto por error como por acierto.

Se mueve por la inercia de la masa. Tiene una serie de hitos, que le han señalado como imprescindibles, que cumple sin cuestionamientos.

Museo de la pizza de masa fina.

Hecho.

Conocido establecimiento de ropa, aunque estén las mismas marcas en toda gran capital de Europa.

Hecho.

Y si lo que compras lo ponen dentro de veinte bolsas, mejor aún, así después te pasas horas luchando para que quepan en la minúscula papelera del baño de la habitación del hotel.

Hecho.

Museo de la pizza de masa ancha.

Cubierto.

Yo y el Coliseo romano.

Hecho.

Selfi incluido para subir esta noche a Instagram.

Así como el momento en que un hombre dijo «esta tierra es mía» cambió el destino de la humanidad, cuando a otro personaje, milenios más tarde, se le ocurrió la genial idea de dar vuelta al teléfono móvil para retratarse a sí mismo, la transformación que provocó, a nadie ha dejado indemne.

Puso en marcha esta extraña era en la que prevalece la constante búsqueda de la aprobación ajena. La obsesión por conseguir un «me gusta». El esfuerzo y la obstinación por gritar al mundo «miradme, estoy aquí», aunque en realidad a casi nadie le importe dónde estés o lo que hagas, si somos honestos, más allá de tu meritorio esfuerzo por ser alguien influyente.

Por el contrario, el viajero señala un rumbo, sin ideas preconcebidas, con la absoluta convicción de que todo obstáculo o cambio de planes abre la puerta a una oportunidad. Vislumbra el destino, pero va improvisando el camino.

Que suceda lo que tenga que suceder.

Un día a la vez.

La actitud mental del viajero, flexible, curiosa, maleable, es la que le permite que le ocurran sucesos inesperados. Paras en ese mercadillo que nadie visita, conversas con el dueño de un tenderete. Terminas conociendo a su familia, entendiendo mejor la idiosincrasia y las costumbres del lugar.

De alguna manera, así comienza mi propia historia. Con veinte años les dije a mis padres: «Me voy a pasar un par de semanas en Tailandia».

Sin embargo, en la pensión en la que me alojé en Bangkok conocí a un grupo de jóvenes ingleses que estaban a punto de regresar a la India tras salir del país para renovar sus visados. Tan fascinantes me parecieron sus relatos que no lo dudé.

Me fui con ellos.

Cruzamos el subcontinente de punta a punta. Desde Nueva Delhi hasta Kanyakumari para luego subir por Madrás y terminar en Calcuta. Nos desplazábamos en los techos de los autobuses, recostados entre las mochilas. En trenes atiborrados de pasajeros, colgando de las puertas abiertas.

Dormíamos en templos, atentos a que los monos no nos robasen la comida. Fumábamos porros y filosofábamos durante horas. Como todos usábamos la famosa guía *Lonely Planet* de tapas amarillas, nos separábamos para luego encontrarnos en los mismos albergues, donde nos dejábamos notas contando nuestros planes, al tiempo en que sumábamos nuevos amigos, amantes y compañeros de ruta.

Una visita a Tailandia de dos semanas que, para desgracia de mis progenitores, se convirtió en cuatro meses en la India. Poca duda cabe de que exprimí al máximo los cheques de viaje de Thomas Cook.

Tan reveladora fue aquella experiencia que, dos años más tarde, el mismo día en que acabé la carrera de Relaciones Internacionales, cogí una mochila, me subí a un autobús hacia Bolivia y crucé América Latina de punta a punta.

Sacaba fotos, escribía crónicas para el periódico *La Nación*, pero lo que hacía la mayor parte del tiempo era conocer gente para conversar, para compartir parte del camino, para escuchar sus historias.

Quería devorarme el mundo.

Al llegar a México me tomé un vuelo hacia Beijing decidido a quedarme en Asia el tiempo que hiciera falta. Sentía que su cultura era tan diversa que me situaba frente a un espejo del que mucho podría aprender como persona y potencial narrador.

Pasé seis meses en el Tíbet, mandando solo una postal a mi abuela Francisca, atrapado por el invierno y sin poder cruzar a Nepal. Nadie se angustió por no recibir noticias acerca de mi paradero. Estaba viajando. Aún no había teléfonos móviles por doquier o locutorios. Todavía no me habían creado la necesidad de mandar mensajes para anunciar, apenas el avión toca la pista, cual perro de Pavlov, que he llegado.

Como si volar no fuera la forma más segura de transporte.

¿Has arribado sano y salvo en un avión?

Increíble.

Si hay algún argentino entre los lectores que aplauda, por favor. Una entrañable costumbre que mantienen desde hace décadas.

Aunque pasé meses rebotando de país en país del Sudeste Asiático, sabía que Calcuta era mi destino final.

Aquella urbe me había causado una honda impresión en mi anterior visita.

Allí escribiría mi primer libro, rodaría mi primer documental y haría uno de los actos de los que me siento más orgulloso.

Todo porque un día conocí a unos mochileros ingleses en Bangkok. Todo porque no iba a ver templos, ni visitar estatuas, ni de compras. Lo que me interesaba eran las personas.

Quería nutrirme, aprender, compartir.

Prefería pasarme la mañana tomando chai en un tenderete callejero de Sudder Street, hablando con quien se pusiera a mi lado, que perderme en las entrañas del decadente Museo Indio. Tenía millones de preguntas y estaba buscando millones de respuestas.

Afrontar la vida con mentalidad de viajero genera más incertidumbre, pero en la misma proporción, abre la puerta a que nos sucedan hechos distintos, estimulantes, aleccionadores, sean positivos o negativos. Provoca esas carambolas que, cuando miramos hacia nuestro propio pasado, tanto nos sorprenden.

Quizá por eso suelo llegar tarde a los sitios o no sé qué responder cuando me preguntan qué haré en vacaciones, para exasperación de mi familia, mis amigos y mis parejas.

Hay algo en mi inconsciente, tal vez consecuencia de estos treinta años de constantes travesías, que se rebela ante las estructuras rígidas, llenas de frías aristas, de normas, de reuniones programadas en el calendario, que me hacen sentir que nada tienen que ver con la lógica intrínseca de nuestra existencia.

Tras lustros de honesta búsqueda intelectual y espiritual, nadie ha sido capaz de convencerme de que esta curiosa experiencia llamada vida tiene un manual de instrucciones. Y los que he conocido, me parecen tan poco fiables como los de Ikea.

Así que la interpretación que hago es muy sencilla. Nacemos, pasamos por una serie de experiencias y morimos. Igual que un viaje. Partes, te desplazas y regresas o te quedas en algún lugar.

Este paralelismo resulta inapelable.

Sencillo.

Una de las pocas certezas que tenemos.

Nacemos, pasamos por una serie de experiencias y morimos.

La intensidad o capacidad de transformación de estos acontecimientos es algo que podemos elegir los que tuvimos la suerte de nacer en el lado próspero de esta historia.

Por eso abogo por transitar por este formidable periplo llamado vida, cuyo origen o finalidad no me atrevo a explicar, con la mentalidad abierta, ligera de equipaje, anclada en el presente, ausente de máscaras, de relojes, de imposturas. Con la actitud del viajero.

Es lo que tiene mayor sentido.

Es lo que consigue una cierta simetría entre lo que haces cada día y la lógica de nuestra existencia. Una simetría que, cuando ambos planos se alienan, se colocan en paralelo, te regala libertad, plenitud y serenidad interior.

Bienvenido lo que tenga que pasar, así a primera vista parezca bueno, malo, aburrido, doloroso, desesperante, injusto, sublime.

Es parte del trayecto.

# Te van a dar el Premio Nobel

## Basta de quejas

Congo, 2010

Al llegar al Congo, tras pasar seis horas en la pista del aeropuerto de Burundi, dejo las cosas en la pensión y voy a saludar al doctor Denis Mukwege, fundador de un hospital en el que opera a mujeres víctimas de la violación como arma de guerra.

Alto, de grandes hombros, con un contenido sentido del humor y una determinación inquebrantable, pasa buena parte del día entre los quirófanos. Allí, junto a su equipo, trabaja para reconstruir los aparatos reproductores de las víctimas de las agresiones sexuales de los soldados.

La violación era endémica en aquel momento en el Congo, donde se producía el 70 % de los abusos sexuales del planeta.

Las milicias de todos los bandos —hutus, tutsis, mai mai, soldados congoleños— usaban la agresión sexual como estrategia de limpieza étnica. Violar de manera grupal a niñas y mujeres. Destruirles con palos, cuchillos o fusiles los órganos reproductores, para echarlas de las aldeas.

En el fondo, aquella era una confrontación por el control de esa tierra rica en minerales, de allí la importancia de golpear a las mujeres, que son el eje de la comunidad. Cobalto, cobre, uranio, oro, diamantes, casiterita y el coltán empleado para los GPS, los teléfonos móviles y el armamento teledirigido.

Un subsuelo rico en minerales que ha sido la maldición de este vasto, deslumbrante y caótico país desde tiempos del rey Leopoldo II de Bélgica. En la Conferencia del Berlín de 1884, las potencias europeas le cedieron a título personal el dominio de esta colonia, pues él había argumentado que su labor era caritativa, quería civilizar y sacar del atraso a sus habitantes.

En realidad, lo único que deseaba eran el marfil, los diamantes y el caucho. Este último, con una creciente demanda desde que John Dunlop creara los neumáticos para bicicletas y automóviles. Tan brutal fue el trabajo forzado al que las fuerzas belgas sometieron a los locales que murieron diez millones de personas. Los congoleños que no cumplían con las imposibles cuotas de caucho demandadas por los empresarios eran condenados a muerte. Con el fin de ahorrar balas, se les cortaban las manos para dejarlos fallecer desangrados.

Las fotos de estas mutilaciones que realizó la misionera británica Alice Seeley Harris fueron parte de una campaña internacional para desvelar la verdad sobre Leopoldo II y su supuesta ONG, que encabezaron escritores como Mark Twain, Joseph Conrad y Arthur Conan Doyle.

Tras la independencia de Bélgica, el presidente Mobutu Sese Seko, con su característico sombrero de leopardo, dirigió una cleptocracia que sumió al país en la indigencia más absoluta. Su fortuna, amasada gracias a los minerales y escondida en bancos suizos, alcanzó los cuatro mil doscientos millones de euros. Como no había carreteras en condiciones, su hijo hacía cerrar el aeropuerto para conducir por la pista los Ferraris que coleccionaba, mientras el 40 % de la población pasaba hambre.

Algunos estudios sostienen que los países africanos con recursos minerales son dos o tres veces más pobres que el resto.

Una realidad que continuaba durante los años en que viajaba al Congo para grabar a las mujeres que pagaban con sus cuerpos la pugna entre las guerrillas, alimentada con el dinero de empresas y gobiernos extranjeros, por controlar las minas.

En Bukavu, la gran ciudad de la región donde el doctor Mukwege tiene su hospital, veía los helicópteros de las compañías mineras sudafricanas pasar cargados de metales preciosos hacia Ruanda para luego partir en dirección al mar, donde barcos los transportaban a las factorías de esa gran fábrica del mundo que es China.

Al estrecharle la mano al doctor Mukwege, le repito una broma que ya le he dicho en otros encuentros.

—Algún día le van a dar el Premio Nobel, doctor, se lo aseguro. Su trabajo es admirable.

—Si lo tienes en la maleta, tráemelo que estoy muy ocupado.

Aquella lamentable rutina cómica terminó haciéndose realidad en 2018, cuando recibió el Premio Nobel de la Paz.

Lástima que no haya casas de apuestas para esta clase de galardones.

Era la segunda vez que acertaba.

La primera fue con Kailash Satyarthi, que rescataba a niños del trabajo infantil en la India. Había conocido su proyecto en Delhi en los años noventa. Y también se lo dije cuando nos encontramos en Florencia en 2003: «Kailash, algún día te van a dar el Premio Nobel». El galardón se lo otorgaron finalmente en 2014.

Así que, si algún día te lo digo, no me mires como a un loco.

Prepara el discurso.

La relación con Denis Mukwege había comenzado tres años antes, cuando me permitió grabar por primera vez con mi cámara en el hospital Panzi, que fundó en 1999.

Las hileras de víctimas esperando a ser atendidas, los quirófanos (en los que no podía rodar la cara y los genitales de la misma mujer, debía ir alternando), los dolorosos postoperatorios y las sesiones con la terapeuta del centro, una doctora especialista en estrés postraumático, constituían una cruda realidad en la intentaba sumergirme con el mayor de los respetos.

Lo más desolador era que aquellas mujeres, una vez curadas y con sus hijos a cuestas, no tenían a donde ir. Sus aldeas habían sido devastadas. Sus maridos habían muerto o las repudiaban.

Años más tarde, otra mujer con la que había labrado amistad en el Congo, Christine Schuler, crearía The City of Joy. Un pueblo para que las pacientes a las que operaba el doctor Mukwege puedan tener un nuevo comienzo. Aquella iniciativa, que Christine me contó como un sueño cuando la conocí, no solo se hizo realidad, sino que está plasmada en un documental, *The City of Joy*, que dio la vuelta al mundo con gran éxito.

Esta nueva visita al hospital del doctor Mukwege es sobre todo de cortesía. Solo grabo a una paciente a la que estoy siguiendo, Jeanette, que fue torturada y violada por soldados en su pueblo natal. Una mujer pequeña, reservada, que emana ternura en cada uno de sus gestos, que sufre dolores crónicos y sida como el 30 % de las pacientes del hospital Panzi, pero determinada a seguir adelante.

—Después de lo que me pasó no podré tener hijos, pero voy a adoptar. Voy a tener una familia, que es lo que más quiero, pues han matado a la mía —me había dicho un par de años antes.

Ahora, en sus brazos, descansa el bebé de otra mujer que no ha logrado sobrevivir a las agresiones de los soldados. Mientras la grabo, Jeanette le está tejiendo un gorro de lana.

Tras despedirme del personal del hospital, recorro la ciudad en busca de un conductor que me pueda llevar a un pueblo del interior de la provincia de Kivu Sur.

Está a punto de tener lugar un hecho histórico: por primera vez, un grupo de víctimas congoleñas va a llevar a juicio a sus agresores sexuales. Una iniciativa impulsada por la ONU. El abogado que las representa me mandó un mensaje diciendo que las iría a ver. Me pasó el nombre del pueblo y me prometió que allí me esperarían.

Ellas estaban dispuestas a contar su historia.

Por esa razón viajé desde Madrid.

Era un hito que no me podía perder.

En el mercado de Bukavu, donde más tarde me detendría la policía secreta congoleña, hablo con varios conductores hasta que doy con uno que me dice que no tiene miedo de meterse en territorio rebelde y, lo más importante, que cuenta con un Toyota Land Cruiser en condiciones.

Estamos en época de lluvias.

No vale cualquier vehículo.

A las seis de la mañana del día siguiente partimos hacia la aldea. El Land Rover del conductor, que se llama Milton, es bastante más antiguo de lo que esperaba. Tiene los neumáticos casi lisos, la chapa carcomida por el tiempo, pero nada, es lo que hay. Y Milton parece un tío bien predispuesto. Antes de partir, le pido que compre unos cuantos bidones de combustible.

*Dame más gasolina.*

Llamadme precavido.

El viaje de ida a la región de Mwenga lo hacemos sin mayores problemas. No en un tiempo récord, siete horas para doscientos cincuenta kilómetros, pero sí con luz diurna. Algo fundamental para minimizar el riesgo de encontrarnos con algún grupo rebelde. Como los talibanes, Al Shabab y tantas milicias, la noche es su ámbito natural, cuando aprovechan para atacar.


Llegamos al pueblo, una colección de casas de adobe, niños desnudos, gallinas vagando a su aire, donde me recibe el abogado de las víctimas. Un lánguido hombre con una americana raída, demasiado grande para su osamenta, que sonríe al verme y me da un abrazo.

Los niños corren a mi lado gritando *Muzungu, muzungu*.

La casa es paupérrima, aunque a diferencia del resto está construida con ladrillos en vez de adobe. El abogado lleva un maletín que parece de los tiempos de la colonización belga, del que saca unos cuantos folios escritos a máquina y me los pasa.

Están en francés.

Es la demanda.

Una vez que he colocado la cámara y los micrófonos, las cuatro mujeres empiezan a hablar con determinación y franqueza. Sin vacilaciones. El abogado me hace de traductor.

Lo han perdido todo. Han sufrido en sus carnes un horror imposible de imaginar. Y se están enfrentando a sus traumas y se la están jugando al declarar contra sus agresores. Nadie les garantiza que vayan a ser condenados o que, en este país sin ley, no sean capaces de escapar de prisión y regresar para vengarse.

Creo que la palabra «coraje» no llega a describir la hondura de la decisión que habían tomado.

Mientras estoy haciendo las entrevistas, comienza a llover. Las gotas repiquetean en el techo de chapa de la casa.

Terminado el trabajo, les agradezco a las mujeres infinitamente su generosidad y su valentía.

Como se ha hecho tarde, dudo si debemos volver a Bukavu.

—Te puedes quedar a dormir aquí. Es la mejor casa del pueblo —me dice con entusiasmo el letrado, con el que me había reunido varias veces en viajes anteriores.

Le echo una mirada a Milton.

—Yo prefiero dormir en el coche —afirma.

De cena, la dueña de la casa nos prepara el típico plato local: arroz con *ugali*. Los niños se asoman por las ventanas para ver al *muzungu* comer con las manos.

Al terminar, me llevan a la mejor habitación: un colchón en el suelo, una mosquitera, hordas de cucarachas en las paredes y una bombilla colgando del techo que es meramente decorativa, pues no hay electricidad.

El retrete, que está situado al fondo de un patio, no son más que cuatro paneles de madera y un agujero en la tierra. Tengo que saltar entre las gallinas y charcos de agua para llegar a él. Después me lavo las manos en un cubo lleno de agua.

La mejor casa de ese pueblo perdido en las montañas del Congo. No deja de llover. La humedad se condensa en la habitación. Resulta difícil respirar. Milton ha sido muy inteligente.

Un niño entra, coge una cucaracha y juega con ella.


Partimos de regreso a Bukavu al alba. Ahora ya no llueve, diluvia. La carretera de tierra se ha convertido en un río de lodo. Al viejo Land Cruiser de Milton no le funciona el cuatro por cuatro. Así que, una y otra vez, nos quedamos empantanados. Gente de la zona sale a ayudarnos. También el abogado, que me preguntó si podía venir con nosotros a Bukavu.

Empujamos a la cuenta de tres: *moja, mbili, tatu...* el motor ruge, los neumáticos nos llenan la cara de barro.

Salimos.

*Safari njema!*, nos gritan mientras nos alejamos, que quiere decir «buen viaje» en suajili.

A pesar de la lluvia, la carretera está flanqueada por mujeres que transportan vasijas en la cabeza, hombres que caminan llevando animales, niños que nos saludan al pasar.

África es el continente que camina.

En todo momento.

En cualquier carretera.

Multitudes que recorren enormes distancias cada día a pie.

Para complicar aún más la situación, llega el turno de que se rompa el limpiaparabrisas. Espectacular. Milton tiene que asomarse para sacar el agua del cristal con un trapo. Caminando, como el resto de la gente, iríamos más rápido.

Después, nos encontramos con los restos de un puente desmembrado por la lluvia. Solo le quedan unas maderas.

De un lado y de otro, camiones y coches se van turnando para avanzar lentamente. Si alguno se desvía unos centímetros de lo que ha sobrevivido de aquella estructura, termina en el río. Así que es una maniobra lenta, meticulosa, en la que los hombres colaboran dando gritos, moviendo los brazos en el aire.

Todos jefes.

No me animo a cruzar en el asiento del copiloto. Prefiero bajarme y sumarme a los que hacen gestos con los brazos y gritan indicaciones.

A unas tres horas de Bukavu, cuando ya tomamos la carretera nacional número dos y pensamos que nada más se puede torcer, se nos pincha un neumático.

—¿Dónde tienes la de repuesto? —le pregunto a Milton mientras los dos estamos de pie bajo la lluvia.

Levanta los hombros.

No lleva neumático de recambio.

Tampoco gato hidráulico.

A estas alturas me debería sorprender que el Land Rover cuente con volante y asientos.

Así que, calados de los pies a la cabeza, cogemos varias piedras, levantamos el todoterreno con la ayuda de otros viandantes que se acercan solícitos y lo colocamos como podemos sobre ellas para sacar el neumático pinchado.

Milton hace autostop. Se lo lleva un camión. Nos ha asegurado que en un pueblo vecino podrían arreglar el pinchazo. El abogado y yo nos quedamos a esperar mientras se hace de noche.

Fantástico, pensé para mí mismo. Aquí varados, mientras se escapa la luz tras las montañas, rodeados de rebeldes. Qué maravilla de viaje. Por precaución, espero a que nadie nos mire y escondo mis cosas entre los arbustos, bajo el poncho impermeable que suelo llevar.

—Al menos, el material está a salvo —le explico al abogado.

Me mira como a un delirante.

Tiene razón.

Es curiosa la manera en que funciona la mente en esas circunstancias. Estás tan centrado en lo que quieres conseguir, te ha parecido tan valioso el testimonio de esas mujeres, que, por encima de cualquier otra consideración, lo crucial es que llegue a destino, se edite y que el mundo lo vea.

Lo demás es secundario.

¿Qué soy yo comparado con ellas?

¿Qué somos nosotros comparados con ellas?


Las horas que se sucedieron hasta que Milton volvió se me hicieron eternas. Ante cada luz de coche o persona que pasaba junto al Land Rover, me encogía todo lo que podía.

Ya está.

Me han descubierto.

Hasta hubo un momento, cuando vi que se acercaba un grupo de hombres, que salté y me metí entre los arbustos.

Un valiente.

Desde la carretera observé sus perfiles que se recortaban contra la bruma blanquecina que todo lo envuelve apenas cae el sol en esta parte de África.

Llevaban fusiles AK-47.

Los escuché hablar mientras hacía todo lo posible por contener la respiración.

Vislumbraba también el brillo rojizo de sus cigarrillos.

Imaginé, pues no llegué a verlo, que estaban inspeccionando aquel todoterreno abandonado en la noche, sin un neumático.

Empecé a sentir un olor acre, pestilente. Me giré para descubrir con asombro al abogado, en cuclillas entre los árboles, defecando.

—*Je suis desolé* —me dijo.

—No te preocupes —le respondí.

Yo también he sentido la misma necesidad.

Los hombres armados musitaron unas palabras más, dieron varias caladas a sus cigarrillos y se marcharon.


A las cuatro de la mañana, nos abrimos paso entre los decadentes edificios coloniales de Bukavu. Tomamos sus enormes rotondas, legado de la conquista belga, con anuncios de cigarrillos, cerveza y fotos del presidente Joseph Kabila. Su padre, Laurent Kabila, había encabezado la rebelión que derrocó a Mobutu Sese Seko en 1996. Dos años más tarde, rebeldes tutsis se levantaron contra él con el apoyo de Ruanda, Uganda y Burundi. Del lado de Kabila, respaldados por los hutus, se pusieron Namibia, Angola y Zimbabue.

Así comenzó la Gran Guerra africana.

La mayor contienda armada en la historia del continente.

Cinco millones de muertos.

¿Reportajes en prensa?

¿Documentales?

¿Libros?

Me sobran dedos en las manos.


El Land Rover se detiene frente a la puerta de la pensión Coco Lodge, mi habitual residencia en Bukavu. Aporreo la puerta de metal hasta que aparece un guardia armado que, afortunadamente, me reconoce.

Mientras estamos bajando los equipos, Milton me pide más dinero por las horas extras de viaje.

¿En serio?

Me había dicho que contaba con un buen vehículo cuando en realidad tenía el todoterreno más destartalado y con mayor kilometraje de África. Me había hecho perder tiempo, cambiar neumáticos, empujar bajo la lluvia, tirarme como un cobarde entre los arbustos.

Claro que le pagué lo que me pedía.

Es economía de subsistencia. Es otro luchador en un país que lleva un siglo siendo expoliado, maltratado, humillado. Desde Leopoldo II, pasando por el cleptómano Mobutu Sese Seko, hasta la Gran Guerra africana.

Había conseguido esa cafetera con ruedas, digna de un museo. La había puesto a funcionar. Y en uno de los lugares más corruptos, pobres y violentos del planeta, se había montado su negocio. Además, se la había jugado conmigo en territorio rebelde.

Tiene toda mi admiración y gratitud.

Eso es emprender.


Al entrar a la habitación y mirarme al espejo, alumbrado por la crepitante luz de una vieja linterna a pilas, descubro que estoy cubierto de lodo de los pies a la cabeza. Hasta la cara la tengo marrón. Al carajo, me digo. Enciendo la ducha. Me meto vestido.

La certeza de que, más allá de Bukavu, en cientos de kilómetros a la redonda, eres la única persona con agua corriente resulta perturbadora.

Lo pienso mientras me voy sacando las capas de tela y barro hasta quedarme desnudo.

¿Entendéis el milagro que es que abras un grifo y salga agua en un lugar como el Congo, donde mujeres y niñas caminan horas cada día para conseguir unos litros? ¿Comprendéis que la mitad de la humanidad no tiene saneamientos, electricidad, subsiste en barrios de chabolas?

A mí no me entra en la cabeza.

Nunca lo he conseguido asimilar en toda su dimensión.

Cuando me preguntan por qué he pasado tanto tiempo en zonas de conflictos armados y extrema pobreza, mi respuesta es siempre la misma: para tratar de devolver lo que la vida me ha dado.

He tenido una familia que me ha brindado amor, en especial mi madre y mi abuela. He contado con recursos para recibir una buena educación, para viajar por el mundo. He logrado subsistir haciendo lo que me apasiona.

Soy parte, por puro azar y por ningún mérito propio, de esa minoría privilegiada del planeta que tiene a sus pies infinitas posibilidades de desarrollo personal, de transformarse a sí misma y a la realidad que compartimos.

En algún momento vislumbré que debía devolver y compartir esa fortuna con quienes sufren. Me conmueven, me movilizan, especialmente los niños y los ancianos.

Aunque empecé centrado en la pobreza, por eso a los veintidós años decidí que me quedaba a vivir en Calcuta, con el transcurso del tiempo comprendí que no hay lugar con mayor dolor, injusticia y brutalidad hacia los inocentes que la guerra, pues es penuria material bajo el yugo de las bombas.

En una conversación que mantuve con el filósofo Fernando Savater, tuvo la generosidad de compartir conmigo un concepto que me pareció revelador en su momento y que nunca he dejado de tener presente: el egoísmo inteligente.

Pensar en los demás, obrar para los otros, te mantiene alejado del ego, en contacto con la verdad del mundo, anclado en tus valores.

Como consecuencia, estás obrando no de forma puramente altruista —si es que esto existe—, sino porque te beneficia a ti mismo, con el doble impacto que esto genera: en tu propio bienestar y en el de los demás.

Cuando me vi obligado a dejar la guerra por el estrés postraumático y pasar más tiempo en la parte afortunada del mundo, me dije: «Si no empatizas con el dolor de la gente que vive aquí vas a parecer un soberbio. Vas a quedarte solo».

Estaba equivocado.

Radicalmente.

Somos unos seres que nos creemos con derecho a todo, que no paramos de refunfuñar.

«Aquí no hay cobertura, esto es una mierda».

Estás en los Pirineos, ¿para qué quieres el móvil? Además, no hay cobertura en medio planeta.

«Que hace mucho calor».

Es verano. Llevamos doscientos años destruyendo el planeta. Calor van a pasar tus nietos. Esto va a ser un horno.

«El servicio demoró demasiado. Voy ya mismo a poner una queja en Google».

Fenomenal. Agarra el móvil cabreado, busca el sitio, marca una estrella y di que los camareros no trajeron la comida cuando la esperabas. La humanidad te lo agradecerá.

«Esto es un desastre, nada funciona».

¿Has visto las carreteras, los hospitales y la seguridad que tenemos aquí? ¿Has visto a los niños que recogen basura en Filipinas, Bangladesh o Nicaragua? ¿A los que se meten en las minas de Potosí en Bolivia? ¿A los que limpian los cristales de los coches en los semáforos de Colombia? ¿A los que malviven en los *slums* de Bangladesh, la Guayana Francesa o Sudáfrica?

Yo los he visto, he estado con ellos y, desde su perspectiva, nuestro quejido constante carece de cualquier sentido.

Claro que todo se puede mejorar. Claro que hay que luchar para que haya menos desigualdad, pero nunca lo olvides: te has ganado la lotería del código postal.

Te han dado el Premio Nobel.

Prepara el discurso.

Y el tiempo que perdemos en quejarnos, esa energía que malgastamos pensando que la fortuna no nos está dando lo que merecemos, es una carretera que conduce a ninguna parte.

Te estás poniendo fronteras acotadas.

Te estás inventando problemas del primer mundo.

Basta de quejas.

Si es tolerable, pues tóleralo con una sonrisa y deja de quejarte.

Haz algo.

Y no es necesario irse al Congo.

Esa es mi extraña vocación.

Tenemos problemas aquí también: ansiedad, soledad, depresión, suicidios.

¿Cuántos ancianos mueren en sus pisos sin recibir una llamada de sus familiares o amigos, y son los vecinos quienes descubren semanas más tarde sus cuerpos por el olor a descomposición?

Puedes ponerte manos a la obra ahora mismo.

Ni siquiera tiene por qué ser algo con un fin social. Cualquier oficio, desde un camarero hasta quien tiene empleados a su cargo en una empresa, puede transformar la realidad con su humildad, cariño por el detalle y plena presencia.

Eres capaz de alegrarle el día a alguien con tu sonrisa, con tu escucha, con tu generosidad.

Y eso, además de ser ese egoísmo inteligente del que me habló Fernando Savater, implica empezar a cambiar el mundo.

Tú eres la materia prima en la que debes trabajar.

Quizá la única.

Si consigues tratar de mejorar cada día, has alcanzado un logro de dimensiones épicas. Subir el Everest sin tanques de oxígeno ni sherpas. Aunque no lo notes, estás teniendo un impacto en otra persona, que quizá a su vez tenga un impacto sobre otra, y así comienza una suerte de onda expansiva cuyo alcance no somos capaces siquiera de atisbar.

# Historia de una traición

## Tu palabra es sagrada

*Afganistán, 2001-2021*

La primera vez que crucé el aeropuerto internacional de Kabul, lo hice sin problema alguno. Sello en el pasaporte. «Bienvenido a Afganistán», me dijo el oficial de migraciones. En la salida de la terminal, conocida como Abbey Gate, me esperaba un sonriente afgano con un cartel con mi nombre. Cogió mi equipaje, lo puso en el maletero y nos sumergimos en aquella ciudad de cuatro millones de habitantes.

Me pareció, desde el primer instante, una urbe fascinante. Rodeada por las imponentes montañas del Hindú Kush, fuera de la zona de las embajadas y edificios gubernamentales, sus casas de piedra, sus intrincadas callejuelas, sus mezquitas, sus tiendas de especies, parecían varadas en el tiempo.

Los afganos me recibían con calidez en sus negocios de alfombras, de ropa hecha a medida, de comida. Un vaso de té. Una larga charla, sobre la situación del país como tema central, antes de empezar a negociar los precios.

Viejos taxis negros y amarillos recorrían las carreteras. Desde la colina en la que están las antenas de televisión, los padres volaban cometas junto a sus hijos los viernes por la tarde.

En edificios gubernamentales, en sedes de ONG, entrevistaba a esas mujeres que estaban saliendo de debajo del burka tras una década de opresión para liderar el cambio en una sociedad enfermizamente patriarcal.

Mujeres extraordinarias, talentosas y valientes como la cineasta Sahraa Karimi, la fotógrafa Rada Akbar, la ministra Kamila Sidiqi o la activista por los derechos humanos y parlamentaria Fawzia Koofi.

En la zona norte de Kabul, se sucedían las bodas. Multitudinarias, coloridas, con música de Bollywood de fondo.

En aquellos primeros años, con los talibanes refugiados en la vecina Pakistán, se respiraba en la capital afgana un aire de libertad, de optimismo y de esperanza en un futuro mejor, que dejaba atrás la guerra, la pobreza, la marginación de la mujer y de las minorías étnicas como los hazara.


En el siguiente viaje al país del Hindú Kush, descubrí que habían puesto varias barreras de hormigón y controles de seguridad frente al aeropuerto. El conductor me esperaba al fondo, con su cartel en la mano, por lo que tuve que arrastrar la maleta y los equipos durante quinientos metros. Nuestro destino era la pensión Gandamack, propiedad del legendario reportero de guerra Peter Jouvenal. Y, según dicen, antigua residencia de una de las mujeres de Bin Laden.

Con los años comprendería que la distancia que te separa de tu coche al salir de la terminal y cruzar Abbey Gate es el mejor termómetro de la situación en la que se encuentra Afganistán.

En 2006, los estadounidenses se habían metido en tal caos en Irak que los talibanes empezaron a regresar silenciosamente desde Pakistán, a rearmarse y realizar sus primeros actos de violencia. Si pudieron esperar cincuenta años para vencer a los británicos, una década para derrotar a los soviéticos, perfectamente podían aguardar ahora el tiempo que hiciera falta hasta doblegar a la ISAF: la misión internacional liderada por EE. UU.

El cementerio de los imperios.

En 2008, atacaron por primera vez un hotel en la capital afgana. Fue el Serena, residencia habitual de cooperantes, diplomáticos y reporteros. El ministro de Asuntos Exteriores de Noruega se refugió en el sótano. La directora de Save the Children, en el gimnasio. Murieron siete personas, entre ellos Carsten Thomassen, fotógrafo noruego que viajaba con el contingente oficial. Semanas más tarde, conocería al reportero que lo acompañaba aquella noche.

Cuando mi habitual conductor y traductor me pasó a buscar por la pensión Gandamack, abrió la guantera del coche. Tenía una pistola. Luego nos dirigimos a las afueras de la capital a entrevistar a niños que fabricaban ladrillos.

Aquel prístino aire de libertad, igualdad y prosperidad que había respirado apenas unos años antes en Kabul, comenzaba a emponzoñarse, oscurecerse y enturbiarse por la lóbrega bruma de la guerra.


Salir del aeropuerto era una odisea en 2012, así como avanzar por las calles de Kabul. Los talibanes estaban poniendo bombas a diestra y siniestra. Cada doscientos metros te encontrabas con un puesto de control en el que miembros del ejército afgano te pedían el pasaporte. A nuestro lado, pasaban a toda velocidad vehículos blindados de la misión extranjera. Por el cielo sobrevolaban helicópteros Apache.

En aquella ocasión fuimos con los marines a Kandahar, la ciudad capital de los pastunes, donde nació el movimiento talibán y donde vivió Bin Laden hasta que tuvo que escapar a Pakistán tras el 11-S.

Estábamos haciendo un reportaje sobre desactivadores de explosivos.

Sí, otra vez.

Otra constante en mi vida.

En un perverso juego, los talibanes colocaban bombas conocidas como IED en las carreteras por las noches esperando a que durante el día pasaran los convoyes de EE. UU., que era la fuerza encargada de esa región.

La más convulsa del país.

En un movimiento estratégico bastante torpe, que seguramente hizo removerse en su tumba a Sun Tzu, autor de *El arte de la guerra*, el presidente Barack Obama había anunciado la fecha de retirada del grueso de las tropas de EE. UU. Solo quedarían fuerzas especiales y contratistas privados para apoyar al Ejército Nacional Afgano.

Cada base estadounidense por la que pasé aquel año estaba siendo desmontada. Auténticas ciudades hechas con contenedores, rodeadas de Hescos, que eran troceadas y colocadas en aviones de carga mientras se bajaba la bandera de barras y estrellas.


Lo cruel de esta estrategia con respecto a Afganistán fue que el discurso de Washington había ido cambiando a lo largo de los años, al igual que la seguridad en la entrada al aeropuerto de Kabul.

Al principio había que castigar a los islamistas locales por haber acogido a Osama Bin Laden y Al Qaeda. Después, cuando estos fueron derrotados y tuvieron que huir, el argumento principal se convirtió en que había que reconstruir el país y devolver los derechos a las mujeres.

Finalmente, el 29 de febrero de 2020, Donald Trump firmó un acuerdo de paz con los talibanes en Qatar, sin consultar a sus aliados europeos ni al Gobierno de Afganistán. Había tomado la decisión unilateral de abandonar el país a la mayor brevedad.

«Ya hemos gastado tres billones de dólares».

Nos vamos.

Sálvese quien pueda.

En la guerra, si dices algo a tus compañeros lo tienes que cumplir. La seguridad de otro puede llegar a depender de esa promesa verbal. Es un código inquebrantable. No hay lugar para cambios de idea, para medias tintas.

Lo que dices, lo haces.

Así de claro.

Una norma no escrita pero inquebrantable.

La ley del mar.

Si una embarcación lanza una señal de SOS, no importa tu rumbo o tu destino, tienes la obligación de dejar lo que tenías planeado para rescatarla.

Por eso, cuando a Roberto Fraile le explotó una bomba mientras filmaba en Alepo en 2015, sus colegas españoles dejaron todo para llevarlo en un coche a Turquía. Cumplieron con su palabra, nunca dada pero siempre tácita, de que a ningún amigo se lo abandona.

Hay otra máxima fundamental entre los reporteros de guerra: la información se comparte. A diferencia de los periodistas que se sacan los ojos en esperpénticas tertulias televisivas, donde opinan sin rubor alguno en el mismo programa sobre la situación económica, la guerra en Yemen y los nuevos zapatos de la reina Letizia (sí, son seres con una sapiencia infinita, no hay tema alguno que no controlen a la perfección), los que estamos en zonas de conflicto sabemos que colaborar brindando datos fiables sobre la situación de una frontera o sobre si se puede confiar en un determinado traductor, puede significar la diferencia entra la vida o la muerte de un colega de profesión.

He gozado de la generosidad de profesionales a los que admiro, como Gervasio Sánchez, David Beriain, Manu Brabo, Mikel Ayestaran o Ramón Lobo.

Como me he centrado en conflictos olvidados, dado que allí me sentía más necesario, he recibido muchísima ayuda también de reporteros locales.

En mi primer desembarco en el Congo, los consejos de Didace Namujimbo, que trabaja en Radio Okapi, fueron cruciales para que comenzara a entender en qué zonas podía adentrarme, cómo moverme, qué historias buscar.

A los cuatro meses de conocerlo, Didace, con el que me juntaba a tomar cerveza a orillas del lago Kivu, fue asesinado por hombres armados cuando salía del trabajo.

No lo sabía, pero aquel muchacho amable, sonriente y generoso hablaba con pasión y honestidad cuando se ponía frente al micrófono. Carecía de reparos en decir la verdad sobre las atrocidades que cometían las facciones armadas, sobre el expolio de los minerales y la corrupción política.

Un compromiso con su oficio que le costó la vida, como a tantos periodistas locales, que son los que más mueren cada año, aunque la atención se ponga en los reporteros de medios estadounidenses o europeos.

Nosotros nos vamos, pero ellos se quedan allí, a merced del cártel de Sinaloa en México, el Comando Vermelho en Brasil o las milicias hutus en el Congo.

Otro código inquebrantable.

Si un profesional que colabora contigo en el terreno, pero que vive en Afganistán, Gaza o Somalia, te pide que no difundas cierta información, lo debes respetar, aunque sea algo que te pueda hacer ganar un Premio Pulitzer.

Como consecuencia de internet, todo aquello que publicas llega a oídos que nunca imaginarías. Tu ausencia de respeto al compromiso que has adquirido puede provocar que tu traductor, productor o conductor termine en una situación terrible. Torturado, secuestrado o asesinado. Inclusive también su familia.


En Afganistán, el problema lo generó Bush, lo trató de arreglar sin acierto Obama, lo agravó Trump y lo remató Joe Biden. Todos tomaron decisiones basándose en sus propias agendas electorales, en función al humor de sus votantes y la dictadura de las encuestas de opinión, relegando a un lugar secundario las promesas hechas al pueblo afgano.

El historial en relaciones internacionales de Biden resulta poco menos que lamentable. Siendo un joven parlamentario, se opuso a evacuar a los vietnamitas del sur que habían luchado junto a las fuerzas de EE. UU. «Tenemos una obligación moral, pero no legal», argumentó antes de la caída de Saigón en 1975. Hasta el infame Henry Kissinger le dijo que su propuesta era inaceptable.

Empezaba con buen paso su carrera política.

En este caso, debido a que los talibanes incumplieron cada uno de los puntos del acuerdo firmado con Trump en Qatar, Biden podría haber dilatado la salida de las últimas tropas de EE. UU. el lapso de tiempo que considerara necesario.

Podría haber organizado un plan para la evacuación no solo de los soldados, sino de todas esas mujeres que habían arriesgado su seguridad personal y la de sus familias para tratar de liderar un cambio en el país, y de los funcionarios, traductores, miembros de ONG que habían trabajado para gobiernos extranjeros. No cabía duda de que los talibanes tomarían represalias.

Sin embargo, el presidente hizo oídos sordos a los informes de inteligencia que indicaban que los islamistas conquistarían Kabul en cuestión de semanas. De hecho, a principios de 2021, ya habían tomado el control de varias provincias. Sin pegar un tiro, con amenazar a los gobernadores locales les había bastado.

¿El peor error de Biden?

Ignorar las recomendaciones de sus altos mandos castrenses y cerrar la base de Bagram en el mes de junio de 2021. Aquella fortaleza a la que dudé en acercarme la primera vez que acompañé a los soldados de la 101 División Aerotransportada. Su vasta pista, desde la que durante dos décadas despegaron aviones y helicópteros en misiones militares, podría haber sido la clave para una retirada metódica que no dejara a nadie atrás.

Esa decisión fue la que creó un cuello de botella en el aeropuerto de Kabul. Las imágenes que nos llegaban por televisión en agosto de 2021 eran angustiosas. Miles de personas atrapadas, sin agua, sin comida, frente a las barreras de hormigón que separaban a la terminal de la ciudad. Puestos de control talibanes, de la red terrorista Haqqani, en los que los integristas golpeaban con palos a mujeres, ancianos y niños.

Cada metro era una odisea.

¿El segundo error de Biden?

La base de Bagram tenía en su interior mil ochocientos detenidos que los talibanes liberaron. Entre ellos estaba Abdul Rahman al-Logari, miembro del ISIS-K que había planeado un atentado en la India en 2017.

El 26 de agosto, Rahman al-Logari se coló entre la apretada multitud que llevaba días aguardando frente a Abbey Gate, donde decenas de niños y mujeres habían muerto ya por deshidratación o por culpa de las estampidas. Hizo explotar un chaleco cargado de explosivos llevándose por delante la vida de trece marines y 178 civiles.

Entre los fallecidos estaban las jóvenes integrantes de una escuela de música y de un equipo de fútbol femenino. Ellas se quedaron allí para siempre, en el limbo generado por la opresión islamista y las promesas fallidas de Occidente.

Biden no solo rompió la palabra que su país había dado a los afganos. Además, mintió ante la prensa en numerosas ocasiones. «Esto ha sido un éxito, la mayor evacuación de la historia. Solo quedan un centenar de personas que no han querido salir del país», repetía. Una falsedad desmentida por miembros de su propia administración. Se estima que la torpe retirada organizada por Washington dejó atrás a setenta y cinco mil personas que colaboraron con entidades occidentales. Entre ellas, cientos de ciudadanos con pasaporte de EE. UU.

El caso que más pone en evidencia estas falsedades es el de Aman Khalili, un traductor que pasó treinta horas junto a fuerzas especiales en una misión para rescatar al por aquel entonces senador Joe Biden, cuando el helicóptero en el que viajaba en Afganistán se vio obligado a aterrizar en territorio enemigo en 2008.

Fue un trabajo al que Khalili se ofreció como voluntario cuando estaba en sus días de descanso en la base de Bagram.

Tras aquella operación, durante trece años intentó tramitar un visado de salida porque sabía que los islamistas radicales lo matarían apenas regresasen al poder. Después de todo, había formado parte del operativo que salvó la vida al actual presidente de EE. UU.

Los burócratas de Washington nunca aprobaron su solicitud de asilo.

Fueron improvisadas redes de antiguos miembros de las fuerzas especiales y funcionarios que habían estado en Afganistán las que lo guiaron hacia la libertad como habían hecho ya con miles de personas. Trabajaban por las noches, desde el salón o la cocina de sus casas, para orientar a Khalili en los dos intentos que hizo por salir junto a su mujer y sus hijos escondidos en un coche a través de Pakistán.

Al final, lo consiguió.

A diferencia de su Gobierno, ellos no estaban dispuestos a dejar abandonados a quienes trabajaron a su lado. Habían estado en el terreno. Habían perdido a miembros de sus unidades. Habían visto morir a inocentes. Habían hecho, en nombre de la comunidad internacional, promesas de hospitales, carreteras, saneamientos, corriente eléctrica, seguridad, elecciones libres, respeto por los derechos de la mujer, que se fueron abandonando progresivamente.

Su trabajo clandestino, que siguió después de aquel fatídico 26 de agosto de 2021, era una forma de compensar la pesadumbre de saber que tantos cientos de miles de vidas perdidas, tanto esfuerzo y recursos empleados durante veinte años, habían sido en vano.

En la guerra nunca firmé un contrato con mis compañeros. Tampoco con los productores, conductores o traductores locales que trabajaban para mí.

Un apretón de manos.

Una mirada a los ojos.

Eran suficientes.

La ley del mar.

Y el código de los nómadas.

Cada vez que los tuaregs se encuentran en el Sahel con otra caravana, los líderes de ambos grupos se cogen de la mano y hablan durante horas.

¿Qué están diciendo?

Se están contando dónde se encuentran los pozos de agua, si hay alguna zona peligrosa, si algún miembro de su clan ha perdido la vida.

Saben que, de la información que intercambian con largas fórmulas heredadas del pasado, depende su supervivencia.

Otra verdad que encierra una paradoja.

Nos definen nuestras acciones más que nuestras palabras. Sin embargo, no podemos negarle al verbo su valor como reflejo de nuestra coherencia personal, de respeto a unos ideales.


Desafortunadamente, la mal entendida corrección política ha puesto límites acotados a los que se puede decir en la parte materialmente próspera del mundo. Ha empujado a miles de personas a la autocensura preventiva.

Al mismo tiempo, lo que resuena en los medios de comunicación, en la arena política y en las redes sociales está cargado de un dramatismo innecesario, gratuito, sobredimensionado, al punto de que tengo la impresión de estar inmerso de manera involuntaria en una ópera de Puccini.

Por una parte, hemos degradado el valor de la palabra como sociedad al convertirla en un arma arrojadiza carente de rigor y, por otra, la hemos rodeado de líneas rojas privándola de fluidez, espontaneidad y libertad.

Nuestro verbo es el puente que nos comunica con los demás.

No lo podemos menospreciar.

No lo podemos corromper.

Debemos ser conscientes de los términos que empleamos y de la carga que tienen. Dialogar siempre desde el respeto, aunque las posiciones sean antagónicas, buscando puntos de encuentro. Apelar al humor cada vez que podamos. Ser sinceros, directos, claros, humanos. Nuestros comentarios agresivos, nuestras salidas de tono, nuestras expresiones despectivas no son más que muestras de debilidad, de ausencia de rumbo.

Y, ante todo, honrar la palabra dada.

Si prometes algo, lo cumples.

Sin excusas.

Sin dilaciones.

No vale cambiar de opinión.

Haberlo pensado bien antes de abrir la boca.

# Disparos y carnaval en las favelas

*Elige a quienes viajan contigo*

*Río de Janeiro, 2007*

Corrí junto a una fotoperiodista de la *Folha de São Paulo* por la arteria principal de la favela hacia donde estaban avanzando las fuerzas especiales de la BOPE. Al frente iba un carro blindado negro, con una calavera pintada al costado, al que los brasileños llaman *caveirão*.

Cuando estábamos a punto de alcanzarlos, les empezó a caer una balacera descomunal desde lo alto de aquella barriada. A nosotros también, claro. Pero a diferencia de ellos, que lograron parapetarse detrás del blindado y en una esquina, la fotoperiodista y yo nos quedamos expuestos en medio de la calle.

Me gritó algo en portugués que no llegué a entender por el estruendo de los disparos y me señaló una pared. Corrimos hacia ella y pegamos las espaldas a los ladrillos como si fuéramos parte de la descascarada pintura de esa miserable caseta de techo de chapa.

Para volverme más pequeño, me acuclillé. Ella hizo lo mismo. El sonido hueco, perentorio y metálico de los proyectiles resonaba por todas partes.

Los miembros de las fuerzas especiales se metieron por un callejón y el carro blindado volvió a arrancar.

*Filhos da puta.*

No os vayáis.

Nosotros nos quedamos allí, con la munición repicando en las paredes, en las aceras, sin saber bien qué hacer. Si seguirlos o si volver hacia atrás. Yo tenía un bolígrafo en la mano que de los nervios rompí sin darme cuenta.

Se me llenaron los dedos de tinta.

Como escribió el maestro Enrique Meneses, me dije: «Hasta aquí hemos llegado». De esta sí que no salgo con vida. He metido la pata hasta el fondo de un pozo digno de Julio Verne, tan hondo que conduce al centro mismo de la tierra.

Los carteles en las paredes, con un AK-47 y las siglas «CV» pintadas en rojo, parecían una prueba irrefutable de que, si no nos mataba una bala perdida lo harían los miembros del Comando Vermelho. Ellos eran los dueños de esta favela y en su currículum tenían el haber torturado y luego asesinado al gran reportero Tim Lopes, a cuyo hijo Bruno había conocido unos días antes, cuando estaba escribiendo una historia sobre su padre.

Nos encontrábamos en el lado equivocado de la frontera que divide a las grandes urbes de Brasil y de buena parte de América Latina: los que viven en el «pavimento» y los que sobreviven en los *morros* o villas miseria.

Minutos antes, cuando las fuerzas especiales de la BOPE estuvieron listas y comenzaron a avanzar hacia el interior de la favela, la reportera de la *Folha de São Paulo* se había puesto a seguirlas con tal convicción que no lo dudé. Salí tras sus pasos. Que fuera atractiva y simpática tampoco me ayudó a sopesar la decisión que estaba tomando.

Durante el tiempo que compartimos en las inmediaciones de la favela, mientras los disparos solo tronaban a lo lejos, nos habíamos estado riendo al escuchar a través de una radio que ella llevaba en la cintura cómo los narcos del Comando Vermelho se insultaban con los policías.

«Nos vamos a follar a vuestras madres y hermanas», les decían.

«Bajad de vuestras madrigueras, ratas, a ver si es cierto».

También compartimos una de mis legendarias torpezas cuando, en un ataque de valor, salí de donde estábamos parapetados todos los periodistas y me puse a grabar en medio de la calle con la cámara que me habían comprado en el periódico para el que colaboraba.

«Así nos puedes mandar cosas para la web», me había dicho mi querido Ricardo Villa al dármela. Tenía sentido. Mi cámara de toda la vida, que tenía conmigo, grababa en cinta. El proceso de pasar el material al ordenador y subirlo a internet era penoso.

Me situé en medio de la calle. Encendí aquel aparato chino de aspecto dudoso que Ricardo había adquirido en la FNAC. Grabé primero a los policías y miembros de las fuerzas especiales, que se estaban preparando para entrar en acción. Luego enfoqué a la pobre gente de la favela que salía a toda prisa, pegada a las paredes. Sabían que hoy les tocaba guerra en su barrio. A los diez segundos de estar funcionando, la compuerta de las pilas se abrió, estas cayeron al pavimento y salieron rodando.

Por supuesto que no las iba a recoger. Que le dieran a la cámara china del periódico.

Al volver a donde estaban mis compañeros, la fotoperiodista, que me había visto, se estaba partiendo de risa.

—Es que la situación económica en España está fatal —le dije.

Pues nada, nos caímos bien y yo había salido corriendo detrás de ella sin pensarlo dos veces. Otros reporteros habían hecho lo mismo, pero con la prudencia de no adentrarse demasiado en la favela.

Ahora estábamos solos.

Muy romántico si no hubiese sido por las balas que no dejaban de caer desde lo alto. En ese momento, convencido de que alguna me iba a terminar desangrando, me formulé la pregunta que tantas veces me había hecho y me haría a lo largo de mis veintidós años en la guerra: «¿Cómo mierda he llegado hasta aquí?».

Tras terminar la redacción de *Llueve sobre Gaza* en la casa de mi madre en Buenos Aires, libro en el que narraba la guerra que había vivido en la Franja palestina en 2006, se lo mandé a mi editora Carmen Fernández de Blas en Madrid y me puse a buscar cuál sería mi próximo destino.

No sabía si Afganistán, Irak... hasta que leí en un periódico argentino que las favelas de Río de Janeiro estaban en guerra. Repasé las cabeceras de los principales diarios brasileños. Así era. De cara a la seguridad de los próximos Juegos Panamericanos, el gobierno de Lula Da Silva había ordenado limpiarlas de narcos. Y estos, dueños de los *morros*, no estaban dispuestos a dejarse amedrentar ni por los carros blindados ni por las fuerzas especiales de la BOPE.

Una operación coordinada por el gobernador Sérgio Cabral y el ministro del Ejército Nelson Jobim en la que participaron dos mil quinientos policías y soldados, y que disparó el número de muertes. Fallecían cien personas por causas violentas al día, lo que situaba a Brasil por delante de Irak, Afganistán o Colombia.

Para ser honestos, los Juegos Panamericanos eran una excusa. La gran apuesta del país eran el Mundial de Fútbol y las Olimpiadas de 2014. Tenía que demostrar a los que ponen el dinero, a los que mandan, que podía sitiar las favelas durante cierto tiempo, ahogar su violencia y sus justas reivindicaciones, para recibir luz verde a las obras faraónicas que se pondrían en marcha.

Comisiones para todos.

Ambos eventos tendrían lugar, las balas se acallarían unas pocas semanas, lo que no terminaría es el problema de fondo. Algo que, en realidad, nunca se intentó. Solo se trató de crear una ilusión temporal. No en vano, en 2024, el mayor cártel de la droga a nivel mundial es el grupo que domina las favelas en São Paulo. Se llama PCC. Mueve cuarenta mil toneladas de cocaína de América Latina a Europa.

Ríete de Pablo Escobar.

Fue esta guerra en las favelas la que me empujó a volar a Río de Janeiro. Me alojé en el hotel más barato de Copacabana. Alquilé una
bicicleta sin saber que mejor hubiese sido comprarla, ya que terminé pasando meses en la ciudad. Y salí en busca de un taxista. Hablé
con varios hasta que di con uno que me ofrecía una tarifa razonable
por contratarlo todo el día.

Lo que no sabía era que Cícero, hombre encantador con nombre de filósofo estoico, tenía una prodigiosa capacidad para perderse. Cualidad que casi nos cuesta la vida cuando entramos a la
favela Maré y nos encontramos con dos jóvenes encapuchados que
nos apuntaron con sus fusiles M-16. Semanas antes, habían asesinado allí a una candidata a las elecciones que estaba haciendo
campaña.

A lo largo de los primeros días, mi rutina consistía en ver la televisión, seguir los periódicos online, para llamar a Cícero y salir
corriendo hacia la favela en que hubiese comenzado una ofensiva.

Cuando no había violencia, íbamos a los hospitales para retratar
la historia de víctimas inocentes de balas perdidas (en un 70 %,
menores de las favelas). Visitaba las redacciones de los periódicos
para conseguir contactos. Hacía entrevistas con ONG como VIVA
RIO, que trabajaba para pacificar las favelas, denunciando la entrada ilegal de armas o la venta de munición desde países como España. Había en ese momento diecisiete millones de armas en Brasil, el
90 % en manos de civiles.

En poco tiempo, había conformado una buena agenda. Así no
tenía que estar pendiente de las noticias para llegar a tiempo. Foto-
periodistas como João Pina, que estaba realizando un reportaje
junto al legendario John Lee Anderson para *The New Yorker*, tenía la
deferencia de llamarme cuando sabía que la situación se estaba poniendo caliente en una determinada zona.

Tras volver al hotel y mandar mi crónica diaria, salía a andar con
mi bicicleta por la playa para luego cenar un vaso de *açaí* y un sánd-
wich *misto quente* en algún chiringuito callejero.

Hubo una semana en la que no recibí llamada alguna mientras estaba en la habitación del hotel en Copacabana. ¿Habrá terminado la operación?, me preguntaba a mí mismo. Cícero, hombre tan formal como perdulario, no contestaba mis mensajes.

Era extraño.

Marqué el teléfono de la periodista de la *Folha de São Paulo*, con la que había escapado del fuego cruzado en la favela aprovechando el paso de un carro blindado.

—¿Qué pasa, Thais? —Ese era su nombre—. ¿No hay más intervenciones en las favelas?

Ella se rio.

—Es carnaval. Vamos a ir al Sambódromo, ¿quieres venir con nosotros? Puedes entrar con tu acreditación de periodista.

El surrealismo mágico, para dar un giro al género creado por Gabriel García Márquez. La guerra en las favelas había parado por completo como consecuencia del carnaval.

Los policías, miembros de las fuerzas especiales, del ejército, estaban celebrando en sus barrios con sus familias. Los traficantes hacían lo mismo en lo alto de los *morros*.

Sin perder tiempo, me bañé, cogí mi credencial falsa de reportero y salí rumbo al Sambódromo. Como Cícero estaba desaparecido en acción, seguramente también festejando con los suyos, me tomé el metro.

En una estación se subió al vagón una mujer llena de plumas, con altos tacones, desnuda de los pies a la cabeza. Se sentó delante de mí con absoluta normalidad.

Una vez en el Sambódromo, nos colamos con Thais al lugar donde las *escolas de samba* se preparaban con nerviosismo antes de salir a desfilar. Mujeres voluptuosas que se echaban loción por todo el cuerpo. Hombres que hacían malabarismos inverosímiles con tambores. De fondo, el sonido ahogado de la música y la multitud.

Sacamos fotos.

Todos posaban para nosotros.

Thais me cogió de la mano y me llevó después hacia el palco reservado a la prensa, pero en lugar de quedarse allí, saltó una barandilla y nos metió en medio de la multitud que bailaba y bebía.

Dejamos las cámaras.

Comenzamos a mover los pies con una gran sonrisa en la cara, imbuidos de esa poderosa energía de sensualidad, libertad y felicidad que nos envolvía, al tiempo que las *escolas de samba* desfilaban frente a nosotros. El sudor de los cuerpos, el batir de los tambores que vibraba dentro de cada uno de nosotros, la infinita sensación de ligereza y libertad.

Recuerdo que en un momento dado me abstraje de la eclosión de sensaciones, colores y sonidos en la que estaba inmerso. Dejé de bailar. Bebí agua. Me sequé la transpiración.

¿No podría ser la vida un carnaval perpetuo de fraternidad, de pasión, de comunión? Si en Brasil pueden parar la guerra una semana, ¿por qué no podemos detener para siempre la locura de la violencia, las fronteras, los muros, la miseria en todas partes y para siempre?

Cuando entré a la favela y me encontré en medio de las balas, me dije: «¿Cómo mierda he llegado hasta aquí?». Pregunta que tantas veces me he hecho a lo largo de los años. En especial, cuando tenía la impresión de que me iban a matar, secuestrar o hacer pasar un rato nada agradable.

La respuesta es evidente: caminando, un pie tras otro, siguiendo a una atractiva reportera sin pensarlo demasiado, movido por el deseo de sumergirme a fondo en la historia para contarla de la mejor manera posible.

Fui el único responsable.

¿Cómo hemos llegado todos hasta aquí? ¿Por qué no avanzamos más en la búsqueda de justicia, de paz, de equidad?

Un pie detrás de otro. Siguiendo no a una atractiva reportera sino una serie de deseos, escalas de valores y premisas bastante equivocados, egoístas y banales.

La paradoja de esta verdad es que nuestro gran poder como especie es la cooperación. Cuando sumamos fuerzas, sale lo mejor de nosotros. Brillamos como especie.

Sin embargo, esta realidad hiperconectada que nos ha tocado y que debería ser una gran herramienta para el diálogo, para el encuentro y la puesta común de soluciones en esa plaza del pueblo que es internet, parece haber conseguido el efecto contrario: apartarnos, polarizarnos, enfrentarnos.

Se puede acabar con la violencia.

Aquel carnaval de 2007 así lo demostró, aunque solo fuera por unos días. También podríamos ponernos de verdad a revertir el proceso de acelerada degradación que está padeciendo nuestra casa común. Por nosotros, pero también por nuestra responsabilidad hacia las generaciones que nos van a suceder, que tienen el mismo derecho a gozar de un planeta sano, con sus ciclos, su diversidad, sus vastos e inspiradores paisajes que nos ayudan a ponernos en perspectiva, a comprender lo insignificantes que somos.

Cuando en la historia hemos apelado al poder de la cooperación, hemos aparcado las barreras que nos separan, nuestras supuestas diferencias, es cuando hemos conquistado nuestros mayores logros.

El final de la Segunda Guerra Mundial resulta un gran ejemplo.

Tuvieron que morir cincuenta millones de personas, pero las naciones europeas, que llevaban siglos enfrentadas en guerras fútiles, empezaron a dialogar y colaborar hasta lograr un experimento que, más allá de sus falencias, no deja de ser el más exitoso en la historia de la humanidad en el respeto a los derechos humanos, la libertad, el acceso a la educación y la sanidad.

Esa capacidad es extraordinaria y sigue ahí latente.

Es lo que me da esperanzas.

Lo que también me permite seguir creyendo en la condición humana a pesar de la barbarie de la que he sido testigo en los conflictos armados.


A nivel personal, la clave está en elegir de manera consciente a tus compañeros de viaje. Sea para recorrer una parte breve del camino o para todo el trayecto.

No puedes más que rodearte de gente que te enriquezca, que te alimente, con la que compartas inquietudes, que no te reste energías ni te confunda.

Varias cuestiones fundamentales.

Escoge personas que tengan tus mismos valores. No te dejes deslumbrar por brillos sin sustancia. Trata de ver cuáles son sus pulsiones más íntimas, su brújula moral, antes de sumar fuerzas con ellas. Ten en cuenta que esto es un proceso, pues nos definen nuestras acciones más que nuestras palabras.

Descubrir quién es alguien a través de lo que hace, debajo de todas las máscaras de carnaval que nos ponemos para salir a la calle, asistir a una cena o estar en las redes sociales, es algo que no sucede de manera inmediata.

Por otro lado, nunca te relaciones desde la necesidad sino desde la abundancia. Es cuando tienes las defensas bajas, cuando crees que sin ese otro no podrás conseguir aquello a lo que aspiras, que se suben a tu coche los compañeros equivocados, los que te apartan de la senda principal y te llevan a perderte por carreteras secundarias plagadas de puestos de control.

Parte de una premisa: tú solo lo tienes todo.

Luego, desde esa libertad, encuentra a quienes se sumen a tu causa para llegar más lejos.

Comprende también que vamos evolucionando, que las experiencias nos transforman y que a veces no tenemos más que agradecer y separarnos de aquellos con los que ya no vibramos de la misma manera.

No tiene sentido aferrarse.

Por último, aprende a distinguir a tus amigos de verano, como me gusta llamarlos, de tus amigos de invierno. Estos últimos estarán allí cuando arranquen el frío y las inclemencias.

Quizá no sean los más divertidos, los más excitantes, como bien dice Louis CK en uno de sus monólogos, pero son los que debes atesorar.

Cuando el estrés postraumático salió a la superficie y comenzó a devorarme, no supe pedir ayuda. Fue David Beriain el primero que, tras escuchar lo que me había sucedido, me llamó para recomendarme a alguien que me podía tratar.

Ahí comprendí que es fundamental no solo rodearte de los mejores acompañantes posibles y descartar sin miramientos a los que no están a la altura, sino también tener la humildad de decir no sé cómo salir de la situación en la que me encuentro.

Buscar consejo, compañía, escucha, ejemplo, sin por eso sentir que eres más vulnerable o débil. Y, por supuesto, saber echar una mano cuando te la piden.

*Quid pro quo.*

Reciprocidad.

Ninguna batalla se gana solo, aunque nuestra mayor fortaleza sea la que late en nuestro interior. No hay victoria posible sin buenos soldados que te cuiden las espaldas.

# De espejos, laberintos y servidumbres

## Que el ruido no te confunda

# La santa y el abogado del diablo

*Acepta tus contradicciones*

*Calcuta, 1997*

El cura que oficia la misa murmura frases en un inglés indio tan cerrado e ininteligible que ni el propio Dios lo debe comprender. Y eso que esto se ha organizado en su nombre.

Oremos.

Son las seis de la mañana. Estamos en la capilla de la sede central de las Misioneras de la Caridad. Si he madrugado, algo que odio, es porque me he enamorado de una voluntaria. Recordemos que tengo veintidós años.

Como la capilla no tiene bancos, estamos sentados en el suelo. El cura al frente. Nosotros que lo observamos sin entender la cuarta parte de lo que musita. Para peor, desde las ventanas llega el barullo de Calcuta: los coches que hacen sonar el claxon a cada segundo, los gritos de los vendedores ambulantes de chai, el sonido de los cuervos que siempre están conspirando entre la basura, andando con sus trajes negros antes de echar a volar.

En una esquina, encorvada bajo el peso de su sari blanco de rayas azules, con las manos unidas y arrugadas como pasas de uva, se encuentra la Madre Teresa. Es gracioso, pues justo sobre ella hay una pequeña estatua que la representa, pero a una escala mucho menor.

Una mini Madre Teresa.

Llevamos unos veinte minutos de misa cuando entra una voluntaria española que pasa por encima de los presentes para ubicarse en primera fila, cerca de la monja premio Nobel de la Paz. Acto seguido, lucha por sacar de una bolsa de plástico un rosario. Hace tanto ruido que me irrita. Está acabando con la poca magia y tranquilidad del momento. Para mi sorpresa, la Madre Teresa también le dedica una mirada severa, como diciendo «termina ya de una vez».

Nunca tuvo fama de ser una mujer ausente de carácter.

Lo cual entiendo.

En un sitio como la India, sino te impones, te comen.

El ambiente se distiende cuando llega la hora de cantar un himno, algo que deberíamos dejar a los pastores africanos negros y sus congregaciones. Ellos sí que saben darle ritmo, venirse arriba, jugar con las construcciones armónicas. No estos hilillos de voces atipladas que cantan «Alabaré, alabaré, alabaré...» mientras una voluntaria con aparatos en los dientes rasguea una guitarra desafinada en la quinta cuerda.

Para que la chica que me gusta no descubra que la religión no es mi fuerte, intento seguir la letra de la canción: «Alabaré, alabaré a mi Señor...».

Me suena de cuando fui al colegio de los Maristas. Pero no tengo claro el número exacto de «alabarés», así que o me paso de frenada o me quedo corto. Cuando rematan con «a mi Señor», yo estoy aún con los «alabaré». Y cuando ellos siguen en el «alabaré», yo remato a viva voz «a mi Señor».

Un despropósito.


Después de la misa, me acerco a la voluntaria que me gusta y me pongo a conversar con ella mientras disfrutamos de los plátanos y el chai que las monjas ponen de desayuno.

Si había madrugado y me había cruzado el barrio de los refugiados afganos desde el hotel María, no iba a andarme con rodeos con aquella joven que me tenía deslumbrado. Caminar a aquellas horas entre la carne colgando llena de moscas, los niños defecando en la calle y los hombres lavándose los dientes con ramas de árboles, semidesnudos y acuclillados frente a sus chabolas, era empezar el día por todo lo alto.

Sin que nadie la llamase, aparece la voluntaria que nos había enfurecido a la Madre Teresa y a mí con su rosario. Se suma a la charla.

—¿Habéis visto? La Madre me ha mirado.


En aquellos tiempos, decenas de jóvenes se instalaban en Calcuta con la intención de hacer algo positivo. Fuera desde la vanidad, el buenismo, la caridad, la legítima rabia frente a un mundo brutalmente desigual o lo que se llama ahora «el complejo del hombre blanco salvador». Para bien o para mal, estaban allí en vez de encontrarse de fiesta en Ibiza. Tenían mérito. Y todas esas contradicciones se hallaban dentro de mí.

Algunos llegaban para ser voluntarios de la Madre Teresa, que no pedía cualificación ni exigía un tiempo de estadía. Las puertas de sus centros estaban abiertas a todos, aunque solo fueras un día.

Lo de asistir a la misa de las seis de la mañana tampoco era una obligación, salvo que te enamorases de una enfermera sudafricana de piel cetrina y ojos azules como fue mi caso. Lo importante para la fundadora de las Misioneras de la Caridad era que te acercaras a la pobreza.

También estaban los que aterrizaba en Calcuta para trabajar con Jack Preger. Médicos, enfermeras, que venían con un compromiso de tiempo determinado para poder participar en las labores de los centros ambulatorios que había montado aquel doctor británico en las zonas más miserables de Calcuta.

En la terraza del hotel María, cada noche había fiesta. Estaban los que, vestidos de blanco impoluto, bebían con moderación y se retiraban temprano para ir a misa. Y los que tocábamos la guitarra, nos emborrachábamos, fumábamos opio y nos quedábamos filosofando bajo el cielo siempre cubierto de contaminación, una nube radiactiva anaranjada, de la ciudad.

Entre ambos grupos había un constante debate sobre la Madre Teresa. Para unos era una santa en vida; para otros, una mujer que no había sabido adaptarse al paso del tiempo.

Imposible negar el mérito que esta monja de Skopje tuvo al llegar en los años cuarenta y ponerse a recoger a gente de la calle, más en un lugar como Calcuta, donde la empatía brilla por su ausencia.

Su voluntad de entrega y sacrificio merecen una admiración infinita.

Como explica Amartya Sen, otro premio Nobel al que tuve la suerte de entrevistar, las grandes hambrunas del siglo xx no fueron consecuencia de la falta de alimentos, sino de fallos en los mecanismos de distribución.

Cada una de ellas.

La provocada en Ucrania por la colectivización ordenada por Stalin, que dejó diez millones de muertos en 1943. Hasta la que entre 1983 y 1985 se cobró dos millones de vidas en Etiopía. En cada una de ellas había alimentos, lo que impidió que llegaran a los hambrientos fue la acción del hombre, según demuestra en su libro más famoso *Pobreza y hambruna*, este economista nacido en Calcuta.

En el caso de la gran hambruna bengalí de 1943, los causantes fueron los colonizadores británicos que desviaron los recursos de la región como consecuencia de la Segunda Guerra Mundial y la invasión japonesa de Birmania. Esto generó una brutal hiperinflación.

Fallecieron tres millones de inocentes.

Con Calcuta golpeada por los ecos de aquel desastre, la labor a la que se lanzó la Madre Teresa cobra aún mayor sentido. Quería crear un lugar para dar a «personas que vivieron como animales una muerte hermosa, morir como ángeles, amados y queridos», según sus propias palabras.

El primer centro que abrió, al frente de su propia congregación, fue en uno de los dos barrios rojos de la ciudad. Se llamó Kalighat. Está situado junto al templo de la diosa Kali.

Su función era la que había prometido: acompañar en una muerte digna a los habitantes marginados de aquella región tan castigada.

Los que habían llegado a Calcuta para trabajar con el doctor Jack Preger, eran los mayores críticos de la monja que ganó el Premio Nobel de la Paz en los años setenta.

¿Cómo pueden tener un centro al que va un médico una tarde a la semana? Hay gente allí que se puede salvar. Estamos en los años noventa. Esta ya no es la Calcuta de la gran hambruna bengalí.

En realidad, el debate iba mucho más allá de la terraza del hotel María, en cuya habitación número 16 viví tres años.

La prestigiosa revista médica *The Lancet* había hecho un análisis de la asistencia que las monjas brindaban a los pobres en 1994: «Los pacientes no reciben nada que se acerque a un tratamiento. Ni siquiera para aliviarles el dolor».

En su libro *La posición del misionero*, Christopher Hitchens critica la falta de diagnóstico y atención médica profesional en los centros de las Misioneras de la Caridad a través de los testimonios de personas que han trabajado allí.

«Es una mujer que no ama a los pobres, sino que ama la pobreza», sostiene.

También analiza las donaciones que recibió de dictadores y personajes de escasa reputación. El siniestro Jean-Claude «Baby Doc»

Duvalier le dio millones de dólares, por lo que la monja viajó a Haití y se deshizo en elogios públicos hacia su persona.

Su relación con el financiero Charles Keating, que le había dado un millón de dólares, también levantó revuelo. Cuando fue juzgado en EE. UU. por estafar a miles de personas, ella escribió una carta en su defensa.

Hitchens concluye que, dada su cercanía con Ronald Reagan, que la envió a visitar a la Contra respaldada por la CIA en Nicaragua, con Margaret Thatcher o con la princesa Diana, era una mujer «más vinculada a los poderosos que a los pobres».

También le criticaban que, cuando ella se enfermó, no fue a morir con los ángeles en Kalighat. La atendieron en un hospital en La Jolla, California.

En la única ocasión en la que pude conversar con ella, le pregunté por qué no daba el paso y comenzaba a brindar atención médica, pues contaba con recursos suficientes para hacerlo.

Me respondió: «Somos monjas, no somos enfermeras. Rezamos por los más pobres».


El día en que la Madre Teresa murió, yo aún vivía en Calcuta. Me pidieron crónicas de periódicos de numerosos países. Mientras escribía en la habitación con la mayor celeridad posible en mi ordenador portátil, rogando para que no se cortara la luz, para luego salir corriendo de madrugada a mandar los artículos desde el fax de un hotel cinco estrellas, dudaba si incluir o no en mi crónica alguna de esas críticas que había escuchado en la terraza del hotel María.

Era un dilema complejo para un joven de veinticuatro años.

Poner en cuestión a quien era una inspiración para millones de personas, ¿era lo correcto? ¿Sería beneficioso o perjudicial?

Ahora lo tengo claro.

Ella era un ser humano.

Con eso lo digo todo.

Tuvo sus momentos de grandeza y también sus sombras.

Negarse a verla en todas sus dimensiones, por contradictorias que sean, no nos ayuda. Podemos aprender tanto de sus virtudes como de sus falencias.

Una mujer que demostró tener un gran corazón, que puso en valor a seres que eran invisibles en una sociedad tan materialista y despiadada como la india, pero que quizá luego se dejó acorralar por la rigidez de sus propios dogmas y por las trampas del poder. De hecho, en las cartas personales que salieron a la luz después de su muerte admite que había perdido la fe.

Una persona de carne y hueso que en un momento rompió barreras y que en otro se encerró detrás de unos muros, como le sucede a tanta gente que alcanza una fama repentina.

Se perdió en los laberintos de sus carreteras secundarias.

Así de sencillo.

Ni polémica ni rasgarse las vestiduras.

Me ha pasado a mí.

Te puede pasar a ti.


Ahí yace otra interesantísima frontera a la que acercarnos y sobre la cual mirar: la admiración por los ídolos de masas. Me parece interesante que tengamos gente que nos sirve de guía, de estímulo y de inspiración.

Comparada con los iconos de hoy, *influencers* de la nada misma en su gran parte, la Madre Teresa era una santa. Bueno, lo es. Aunque el fallecido Hitchens testificara en su contra, ante el arzobispo de Washington, durante el proceso de santificación en 2001. Hizo de abogado del diablo, según los titulares de la época.

Tengamos referentes, pero no seamos fanáticos ni los defendamos a ultranza ni nos ceguemos al hecho de que son personas como tú y como yo.

Ni como individuos ni como sociedad podemos darnos el lujo de seguir sin sentido crítico a ningún otro ser humano. Todos tenemos miserias y contradicciones. Forma parte de nuestro diseño. La historia, reciente y pasada, nos enseña los riesgos que se corren al no observar con una mirada crítica a los que tienen poder e influencia sobre millones de personas.

Ahí están los casos de Hitler, Mussolini, Stalin, Mao.

Ahí están los miles de muertos que he visto en las guerras por culpa de hombres que siguieron sin más las proclamas de los mandamases de turno, desde Somalia y Afganistán, pasando por Bosnia, el Congo, Sudán, Gaza, el Líbano y Uganda.

Además, evitar el cuestionamiento ecuánime, desapasionado, de los que están en una posición de liderazgo puede hacernos sentir que no estamos a su altura, que somos menos, que no tenemos la capacidad de alcanzar lo que ellos han alcanzado.

Vamos a querernos un poco.

A ponernos en valor.

No nos pasemos el día mirando embobados a los que brillan en el distorsionado escaparate de nuestra admiración tribal, porque no vislumbramos qué hay detrás. Ni sabemos si ese éxito y esos logros materiales valen lo que se supone que valen.


Uno de los seres humanos que más admiro en este planeta es Pilar, la mujer que limpia mi casa. Escrupulosamente puntual, nunca la he visto cruzar la puerta sin una sonrisa. Formal al punto de que me llama «señor Hernán», por lo cual me veo obligado a llamarla «señora Pilar». Y así llevamos más de diez años, sin conseguir que me tutee.

Lo nuestro parece una rutina cómica.

Esperando a Godot.

Esperando a que Pilar me deje de decir «señor».

No mira el teléfono, no procrastina, no se queja de nada. Está ahí, presente, obsesionada por que cada centímetro de mi hogar quede limpio y en orden. Y eso que, como tantas otras inmigrantes, tiene todo menos una vida sencilla.

Si os digo la verdad, ahora que están tan de moda los pódcast, reportajes y programas de televisión sobre personas emprendedoras, no entiendo que nunca haya habido lugar para una asistenta doméstica.

No me entra en la cabeza dado que Pilar tiene un mérito de dimensiones épicas, aunque la sociedad no reconozca a los millones de Pilares llegadas de América Latina, de Asia o de Europa del Este, que se dejan la piel por sacar adelante a sus hijos mientras cuidan a los hijos o a los abuelos de otras personas, que mandan lo que ganan a sus países para mantener a sus familias, que se desplazan cada día durante horas para ir y volver de sus trabajos.

Sin necesidad de encumbrar a quien dedica su vida a los pobres en Calcuta, o de aplaudir las peripecias de un tío que se ha tirado veintidós años en la guerra porque ha tenido el lujo de poder hacerlo, contamos con ejemplos aquí de gente de una valía extraordinaria. Si no los vemos, si son invisibles, si no salen en la televisión o en las redes sociales, es porque nuestro ego colectivo nos nubla la visión.

No valoramos al que realiza su trabajo con excelencia, con pasión, con generosidad, sea la labor que sea, porque nos hemos inventado una jerarquía social tan carente de sentido como las castas de la India.

¿Por qué despierta nuestro aplauso una actriz que repite unas líneas frente a una cámara, un futbolista que da patadas a un balón o un intérprete de reguetón que encima no sabe siquiera abrir bien la boca para cantar? ¿Por qué es eso más valioso que el esfuerzo humilde, silencioso, del maestro, la enfermera, el ingeniero de caminos, el obrero que levanta un edificio?

¿Por qué alabamos a los milmillonarios fundadores de grandes compañías, a los directivos de los grandes bancos, a los expertos en finanzas que ganan fortunas sentados frente a ordenadores, moviendo capitales de un lado a otro?

No tengo la respuesta.

Lo siento.

Solo espero que esta escala de valores no te confunda en el momento de elegir aquello que vas a hacer con amor, compromiso, presencia y alma.

Que no te desoriente.

Si quieres pensar fuera de la caja de lo establecido, si deseas aplicar la mirada lateral de la guerra, busca referentes distintos a los de la mayoría.

Esta es otra de las claves para encontrar tu propio camino y para tener mayor libertad.

Mi fortuna está hecha de experiencias, viajes, amigos, parejas, gente extraordinaria con la que he conversado, compartido parte del camino, paisajes, valores a los que he intentado ser fiel, con mis aciertos, mis dudas, mis mezquindades y mis fracasos.

No necesito más.

No necesito demostrar nada a nadie.

Y tú tampoco lo necesitas.

# Las heridas de Leila en Bosnia

## *Levanta la cabeza*

*Bosnia y Herzegovina, 2010*

Leila está nerviosa. Fuma un cigarrillo tras otro. Yo espero sin mostrar la menor ansiedad. Al contrario, le digo:

—Si no lo quieres hacer, no lo hagas. Ya has sido muy generosa al recibirme estos días.

—No, lo voy a hacer. Venga, empecemos —me responde.

Se sienta frente a la cámara, enciende otro cigarrillo.

—Cuando tenía catorce años, mis padres decidieron que nos teníamos que escapar de la guerra. Nos fuimos al pueblo de Bihac porque pensaban que era un lugar más seguro. Yo tenía el cabello largo hasta la cintura. Una mañana, mientras caminaba hacia la escuela, unos soldados me agarraron por el pelo y me metieron en un coche.

Leila es una de las personas con mayor coraje y resiliencia que he conocido en mi vida. De los cientos de víctimas con las que he tenido el privilegio de dialogar, quizá sea una de las que más que me ha marcado. Pienso a menudo en ella.

Una mujer bellísima que pasó dos años en un cuartel de los serbios durante la guerra de los Balcanes. Decenas de soldados la violaban cada día.

¿Cómo superas semejante trauma? ¿De dónde sacas la fuerza para rehacer tu vida, para volver a empezar, para tener una familia, un trabajo como ha hecho Leila?

No lo sé.

Tampoco me lo sabe explicar Ferida Djekic, su psiquiatra, que está presente durante la entrevista.

No hago preguntas. Solo escucho.

Al terminar, Leila le pregunta a Ferida si lo ha hecho bien.

—Has sido muy valiente. Esto servirá a mucha gente.

Le doy un fuerte abrazo a Leila. Nos conectamos por Facebook, también con Ferida, que es otra mujer que merecería el Premio Nobel.

Enfermera de profesión, en plena guerra se lanzó a ayudar a las jóvenes que salían de los cuarteles y campos de concentración donde los serbios violaban a las niñas y mujeres bosnias de origen musulmán. Creó un hogar para acogerlas.


Junto a mi traductora, Asmira Dzigal, que me recomendó Gervasio Sánchez, no solo entrevistamos a víctimas como Leila, sino que visitamos los edificios en los que eran violadas, en las ciudades de Tuzla, Zvornik, Vlasenica, Srebrenica, Vogosca, Focha, Rogatica, Zenica, Bratunac, Sarajevo y Visegrad.

En total funcionaron sesenta y siete centros en los que se abusaba sexualmente y torturaba a mujeres y niñas.

En Vogosca, localidad que se encuentra a diez kilómetros al norte de Sarajevo, paramos frente al hotel Kon-Tiki, que durante la guerra funcionó como centro de detención. Por sus habitaciones pasaron unos ochocientos bosnios musulmanes (de los que doscientos cincuenta desaparecieron). Borislav Herak, soldado serbio, confesó haber violado a ocho de las setenta mujeres allí encerradas y haber matado a dos.

Me sorprende que ninguno de estos edificios tenga al menos

una placa en la que se recuerde a las víctimas. Al contrario, al verme con la cámara, el encargado del Kon-Tiki sale dando gritos.

—Si es por el campo de concentración, váyase, no queremos que se hable del tema.

En aquel hotel también habían cometido abusos sexuales cascos azules procedentes de Francia, Canadá, Nueva Zelanda y Ucrania. Incluido el general Lewis MacKenzie, comandante de la misión militar de la ONU en Sarajevo.

En 1992, a los pocos días del comienzo de la guerra en Bosnia y Herzegovina, grupos de paramilitares, militares y policías serbios articularon una estrategia de limpieza étnica. Los musulmanes eran arrancados de sus casas para ser asesinados, enviados a campos de concentración o al exilio. Las zonas próximas a la frontera con Serbia fueron las más afectadas.

En la ciudad de Foca, esta estratagema de negación terminal del otro, del que es distinto, implicó tener que encerrar en campos de concentración a miles de personas. La mayoría de los residentes de esta urbe de veintidós mil quinientos habitantes era de origen musulmán.

El polideportivo local se convirtió en una enorme prisión. Sin embargo, subiendo una de las laderas que rodean a esta urbe, se encuentra un lugar que fue más siniestro aún, al que ahora llegamos con mi traductora en el coche que he alquilado en el aeropuerto de Sarajevo.

Es la casa conocida como Karaman Kuca (la vivienda de un bosnio, llamado Karaman, que había escapado a Alemania). Al frente estaba Dragoljub Kunarac, comandante de un grupo paramilitar de voluntarios serbios de Montenegro. Allí llevaban a las mujeres para violarlas. Tal era el sadismo de Kunarac que entró a un hospital de Foca y se llevó a punta de pistola a una mujer que le gustaba.

Kunarac decidía quiénes podían ser violadas y por quién. Las mujeres eran tratadas como esclavas sexuales y debían cocinar y limpiar para los paramilitares.

También raptaba a víctimas del centro deportivo de la ciudad. De allí sus hombres arrancaron a Almira Bektovic, una niña de doce años que llegó a aquella casa infame con una muñeca en sus manos.

Lo último que se sabe de Almira es que fue vendida a un soldado de Montenegro famoso por su violencia contra las mujeres. Según testigos, pagó cien euros por poder llevarse a la niña.

Dragoljub Kunarac fue condenado por el Tribunal de La Haya a veintiocho años de prisión.


Cuando nos vamos de Foca, un coche desvencijado, con la carrocería opacada por los años, se nos atraviesa en la carretera.

Dos hombres rubios, de aspecto serbio, se bajan.

Sin descender de nuestro vehículo, como me enseñó aquel funcionario de la ONU en Camboya en 1996, bajo la ventanilla y les sonrío. Mientras caminen hacia mí, escondo el pasaporte italiano y solo me quedo con el argentino.

—¿Qué buscan aquí? —me pregunta uno de ellos en inglés.

—Estamos de vacaciones. Esta es mi mujer. Muy bonito su país —le digo. Después le muestro el pasaporte—. Argentina, Maradona —agrego.

Unos segundos de tensión.

Los hombres lo miran.

Se ríen.

—Maradona, el mejor del mundo —afirma uno de ellos.

Vuelven al coche.

Es evidente que no me han creído.

El mensaje subyacente ha quedado claro: ¿Qué hacéis merodeando por la infame Karaman Kuca? Grabándola con una cámara. Es mejor que os vayáis por donde habéis venido.

El testimonio de Leila terminaría siendo la primera secuencia de *La guerra contra las mujeres*, que durante tres años estuve rodando en Bosnia, Kenia, Sudán, Uganda y el Congo, gracias a la ayuda del doctor Denis Mukwege.

La premisa de la que partía era que hablaran a cámara sin ocultarse. Ellas nada tenían que esconder. Eran sus violadores los que debían ocultar el rostro. Me parecía que silenciarlas, ponerlas de espaldas, constituía una forma de revictimizarlas. Además, como en el caso de Leila y de tantas otras protagonistas del documental, habían tenido el enorme valor de denunciar a sus agresores ante la justicia, con el riesgo que esto conlleva.

La relación con las víctimas de los conflictos armados ha sido una de las tareas que más me ha costado descifrar de este oficio.

Por un lado, quieres contar la historia, tienes prisa, miedo, vas justo de dinero, no te quieres exponer quedándote demasiado tiempo en un mismo sitio. Te encuentras en la guerra. Y por otro lado, debes estar presente, centrado, para escuchar a un ser humano que va a compartir contigo el momento más difícil de su existencia.

Una mujer a la que le ha caído un misil en su casa en Afganistán y que ha perdido a todos sus hijos. Una familia que está huyendo con lo puesto de la violencia en Siria, Somalia o Yemen. Una niña como Sondos, que está en el hospital Al Shifa de Gaza, paralizada de los pies a la cabeza por una bomba. Y que, a pesar de no poder moverse, te sonríe con la mirada.

Tu objetivo principal es demostrar a esa persona que su testimonio es valioso para ti. También, algo que tienes que plantearle en todo momento: si no quiere que la grabes, no debe importarte.

Como me ha pasado en más de una ocasión, llegas a una casa en Gaza a la que le ha caído una bomba y te encuentras con una madre que ha perdido a sus hijos. Su mirada o un gesto con la mano te va a decir si puedes levantar la cámara o no. Si la señal es negativa, pues te acercas y le das el pésame. Seguramente, a pesar de todo, algún familiar te ofrezca un té entre las ruinas y un sitio para sentarte, en lo que es la costumbre del lugar. Y ella te cuente, para desahogarse, lo que le ha sucedido.

Todos tus sentidos tienen que estar ahí presentes.

Tu corazón.

Más aún en circunstancias tan dramáticas.

Antes que un cronista de guerra eres un ser humano que se interesa por otro en el peor momento de su vida.


Cuando el gesto es afirmativo y la persona permite que la grabes, lo que siempre he hecho es evitar las preguntas. «Cuéntame lo que quieras». Solo eso. Si luego deriva en un diálogo, mejor.

Lo último que quiero es generar aún más traumas. Revisitar momentos duros del pasado, lejano o reciente, alberga un gran riesgo: que se reabran las heridas o que ahonden las que no han cicatrizado aún.

Mi intención es que sienta que al menos a alguien le importa. Y se trata de algo genuino. Mi vocación en la vida. De otro modo, no hubiese renunciado a ver a mi familia en raras ocasiones desde que me fui de mi país natal en 1994, no me hubiese jugado el pellejo en tantos sitios, no hubiese prescindido de una existencia normal: vacaciones, pareja, hijos, estabilidad financiera.

Bueno, normal para lo que es el primer mundo. La minoría. Pero la tenía a mi alcance. Habría bastado seguir el consejo de mi padre y decir sí a esa beca en la Universidad de Georgetown.

Quizá ahora sería un funcionario de la ONU, que escribe algún libro de vez en cuando y que tiene una casa con una familia.

Pero nada, este es mi camino.

También, frente a las personas que sufren, lo que hay que reconocer es una cierta igualdad. No tiene que haber condescendencia, paternalismo.

Si tratamos a las víctimas como víctimas, palabra que no me gusta usar pero que es un atajo narrativo, las estamos degradando. Las estamos revictimizando. Eso es lo que tanto me disgusta de la caridad.

Son seres humanos que sufren terribles golpes. Si no fuera por el azar de haber nacido en otro lado, yo podría estar en su sitio. Somos iguales, salvo que en orillas opuestas de la historia.

Lo que intento con mi oficio es tratar de hacer sentir al otro que al menos a alguien le importa, que no está solo, que el mundo no se ha olvidado de él, aunque tantas veces se encuentre de vacaciones en la playa.

Es algo cuya valía comprendí estando en la India. Con veintiséis años me fui a Nueva Delhi para hacer un reportaje sobre una ciudad en la que malviven miles de viudas, Vrindavan, pues era costumbre echarlas de sus casas cuando morían sus maridos. Un sari blanco, un cuenco para mendigar y allí te quedas.

Has cumplido tu cometido.

A la vuelta de aquel viaje sufrí mi séptima malaria. En esta ocasión, acompañada con guarnición de hepatitis. Folco Terzani, en casa de cuyo padre estaba alojado, me llevó al hospital de la embajada británica.

El problema era que, en pocas horas, él tenía que tomar un vuelo de regreso a Italia.

Así que ahí me quedé solo, confundido por la fiebre que me hacía delirar. Entre tinieblas recuerdo la bronca que me echó el médico que me recibió en urgencias por no tener seguro. «Es que llevo tres años viviendo aquí. No me alcanza el dinero», le murmuré.

Me admitieron por intermediación de Folco y por pura lástima. Esa noche tuve tal fiebre que sentía que me arrancaban las entrañas. Me arrastraba por la habitación. Lo que me daba más rabia no era la posibilidad de morir por un fallo hepático, sino que nadie se enterara.

Fue entonces cuando entendí lo duro que es sufrir sin recibir muestra alguna de interés. Fue entonces cuando aprendí que estar ahí, en la guerra, y escuchar sin necesidad de grabar puede llegar a ser valioso para alguien.

Esa experiencia ha sido mi guía.

Otra lección: frente a las personas que sufren, al igual que con la gente que queremos, no valen las máscaras, los subterfugios, las muestras de pena exacerbada.

Solo podemos ser transparentes y decir la verdad. Es lo mínimo que ellas y nosotros nos merecemos.

Creo que es uno de los regalos más valiosos que me ha hecho la guerra: la confianza, generosidad, valentía y ejemplo de resiliencia, superación, amor por la vida, que me han entregado personas anónimas como Leila.


Tu plena atención es uno de los mayores presentes que puedes hacer a otra persona.

Más aún hoy en día.

Pensad que hace apenas un siglo, si tu casa estaba en una aldea, la llegada de noticias era limitada. El 90 % de la humanidad vivía en zonas rurales.

Quizá pasaba alguien nuevo, un desconocido, y te contaba alguna historia que absorbías con fascinación hasta el más trivial de sus detalles. Tal vez tenías una semana, un mes, un año, para saborear y repetirte lo que habías escuchado antes de que llegara otro viajero.

Ahora, bueno, las cosas han cambiado un poco.

Un poco mucho.

Demasiado.

Se ha ido todo al carajo.

El tsunami de información nos sacude de un lado a otro como un barco de papel en medio de un mar encrespado, sin apenas darnos respiro, posibilidad de análisis y digestión.

El ruido de las redes sociales y los medios de comunicación es mayor que el de cualquier guerra en las que he estado. Un bullicio constante, omnisciente, irremediablemente banal dada su inmediatez, la lógica y brevedad de los formatos en los que se comparte.

Resulta casi imposible escuchar a los demás y menos aún a nosotros mismos. Estamos ensimismados frente a las pantallas de los ordenadores y los teléfonos, desconectados de quienes nos rodean y de la naturaleza, ahora que el 90 % de los habitantes de este planeta vivimos en ciudades.

No en vano el tiempo se ha convertido en nuestro bien más preciado. Se nos escapa como arena entre las manos. Estamos atrapados a tal nivel en el universo virtual que poco espacio nos queda para las cuestiones fundamentales, tangibles, reales.

Otra verdad que encierra una paradoja.

Nunca hemos gozado de tanta libertad, salud, información, recursos, para hacer lo que nos venga en gana. Sin embargo, nunca hemos estado tan desorientados.

La buena noticia es que solo hace falta un mínimo gesto para deshacer esta suerte de Gran Hermano global en la que llevamos dos décadas atrapados: levantar la cabeza.

Levantar la cabeza del teléfono, del ordenador, para mirar a los ojos a quien tenemos enfrente, con absoluto interés, sin distracciones, estando de verdad presentes.

# Esperando a Joseph Kony

*Conquista el silencio*

*Yambio, 2010*

El murciélago y yo teníamos un serio problema de convivencia. No había forma de que mantuviéramos una relación civilizada.

Por mi parte, no comprendía por qué demonios le había dado por hacer su hogar en el techo de paja de la choza que me habían asignado. Tenía la infinita jungla que nos circundaba a su disposición para criar allí felizmente a su familia. Un capricho que me costaba horas de sueño y que me tenía sumido en el pánico absoluto.

Imagino que, desde su punto de vista, el razonamiento era el contrario: ¿qué está haciendo este ser humano de barba y cabello largo que viene cada noche a dormir a mi casa?

Seguramente, dada mi reciente subrogación al contrato de alquiler de aquella choza perteneciente al equipo de Médicos Sin Fronteras en Sudán, el murciélago tenía razón.

Nuestro conflicto comenzaba una vez que el generador eléctrico se apagaba en aquel campamento próximo a la triple frontera entre Sudán, la República Centroafricana y la República Democrática del Congo. Entonces, me despedía de los médicos, logistas y enfermeros con los que había estado cenando en la tienda principal, para dirigirme a mi hospedaje con una vela como única guía, mientras a lo lejos se escuchaban los disparos de los soldados que buscaban al señor de la guerra Joseph Kony.

Una vez en el interior, me lanzaba a la cama de madera y me tapaba de los pies a la cabeza con una manta. Valentía extrema, por llamarlo de alguna manera.

En ese momento, quizá alentado por la caída del sol, el murciélago, que tenía el tamaño de un niño, comenzaba a hacer unos ruidos muy extraños entre las pajas. Después, entraba y salía de la choza para volar a través de la oscuridad en busca de algo de comida que se dedicaba a devorar durante horas. Así, en un viaje interminable hasta el final de la noche. Para peor, la choza era tan diminuta que el techo estaba a un metro de mi cara.

A la mañana siguiente me despertaba exhausto, cogía mi maleta, los equipos y caminaba entre el lodo y bajo la lluvia en dirección a la pequeña pista de aterrizaje de la ciudad sudanesa de Yambio, mirando al cielo con incertidumbre.

Al llegar al aeropuerto, si es que aquella angosta carretera de tierra horadada en la selva podía llamarse de esta manera, su encargado me daba las últimas noticias. Como no hablaba inglés, nos comunicábamos por gestos.

—¿Va a poder aterrizar hoy? —le decía yo describiendo con la mano un avión que vuela por el aire.

El hombre levantaba la cabeza, observaba la masa grisácea que colgaba implacable sobre nosotros, y me devolvía una larga frase en un dialecto local mezclado con árabe que me resultaba ininteligible. Lo que sí comprendía a la perfección era que me tocaba seguir esperando a que mejorase el clima.

—¿Seguro?

Volvía a mover de un lado a otro la cabeza.

Resignado, regresaba caminando bajo la lluvia con mis cosas hacia la base de Médicos Sin Fronteras. Allí me esperaba otra larga jornada sin mucho que hacer, la choza y el maldito murciélago. A favor de este último debo decir que durante el día se quedaba quieto. Nuestra relación solo se volvía turbulenta tras la caída del sol.

Como de costumbre, estaba atrapado en la ciudad de Yambio por mi propia culpa. Se suponía que iba a permanecer allí apenas unos días, siguiendo los combates entre el ejército de Sudán, las milicias locales y el señor de la guerra ugandés Joseph Kony, pero al descubrir la dimensión de la catástrofe humanitaria provocada por el conflicto, fui postergando la fecha de mi partida.

Sin darme cuenta, había cometido el involuntario error de dejarme atrapar por la época de lluvias. Y la única manera de moverse por el sur de Sudán era en avionetas de la ONU que a modo de autobuses iban saltando de pueblo en pueblo para luego volver a la capital: Yuba.

El cielo encapotado impedía que las aeronaves aterrizaran, por lo que llevaba cinco días repitiendo aquel ritual. Ir al aeropuerto, consultar con su responsable, recibir una respuesta negativa y volverme a la choza, empapado de los pies a la cabeza, a lidiar con mi archienemigo alado.

Para complicar aún más la situación, me había quedado sin dinero. El cajero automático más cercano estaba a unos dos mil kilómetros. Una caminata considerable. Por eso les pedí a los responsables de Médicos Sin Fronteras que me acogieran en su base. Para ser honesto, se lo supliqué. Desde aquel lugar partían cada mañana en todoterrenos a atender a las decenas de miles de refugiados provocados por esa guerra de baja intensidad de la que el mundo nada sabía.

O nada le interesaba.

Tras la noche iniciática con el murciélago, le comenté al jefe de logística, que era español, la situación.

—Sé que es abusar de vuestra generosidad, me estáis dando de comer, un lugar para dormir, pero ese animal me está matando. No pego ojo en toda la noche.

—Joder, macho, lo siento. Es la última choza que tenemos libre. Puedes dormir en la tienda principal, pero ahí también hay murciélagos.

—Vale.

—Seguro que deja de llover en breve.

—*Inshallah*.

Aquella peripecia había tenido su génesis seis años antes, en 2004, cuando llegué a Uganda para conocer de primera mano las atrocidades que cometía Joseph Kony en el norte del país. Al frente del Ejército de Resistencia del Señor, conocido por su acrónimo LRA, este hombre combatía contra el Gobierno central. Una guerra sin sentido alguno, si es que alguna lo tiene. Pero en este caso más dolorosamente absurda aún por el giro que dio. Tras haber tenido como principal enemigo a las tropas regulares ugandesas, el LRA se lanzó a martirizar a su propio pueblo: los acholi.

Secuestraban a los niños para hacerlos soldados. A las niñas para convertirlas en esclavas sexuales. Con este método alimentaban a su ejército de desdichados que, ocultos en la selva, sembraban el terror allí por donde pasaban. Cortaban orejas y labios para propagar el miedo. Asesinaban a garrotazos a sus víctimas.

Cientos de miles de acholis, la etnia a la que pertenece Joseph Kony, se habían visto obligados a encerrarse en campos de desplazados internos gestionados por la ONU en los que abundaban el alcoholismo, la violencia sexual y la miseria más aberrante.

Este hombre, la encarnación del mal para millones de africanos, se fue convirtiendo en una obsesión para mí. Una sombra a la que no conseguía alcanzar.

En el transcurso de los siguientes seis años seguí de manera intermitente sus pasos a través de la región. En 2006 saltó a Sudán, para negociar un acuerdo de paz que nunca llegó a concretarse. Luego se escapó al Congo, ocultándose en el parque nacional de Garamba, donde cazaba elefantes y vendía el marfil para financiarse. Al frente del parque estaba un español, Luis Arranz, que casi sin medios luchaba por proteger la fauna en esos siete mil kilómetros cuadrados en los que se suponía que aún sobrevivía el último ejemplar de una subespecie de rinoceronte blanco. La penetración del LRA en Garamba fue un duro golpe para Arranz.

Tras una operación militar coordinada por EE.UU., se había dado de nuevo a la fuga con su ejército de niños soldados y esclavas sexuales. Joseph Kony tenía ochenta esposas, a algunas de las cuales, como Alice, había entrevistado en los campos de desplazados internos en Uganda. Además de haber sido violada y esclavizada, tenía que cargar con el estigma de criar a tres hijos de aquel sociópata cruel y sanguinario que afirmaba estar llevando adelante una cruzada para imponer los Diez Mandamientos.

Ahora se encontraba oculto en la frontera entre Sudán, República Centroafricana y el Congo.

Los jóvenes de la zona se habían organizado con arcos y flechas, alguno hasta tenía un viejo mosquetón, y salían por las noches a cazar a los miembros del LRA. Se denominaban los *arrow boys*. Como les había caído en gracia, me dejaban acompañarlos. Rezaba para que no nos encontráramos con el enemigo, pues más allá de su buena voluntad y sus gestos de bravuconería, era evidente que los muchachos no estaban a la altura del potencial combate.

También me sumé a patrullas de soldados del ejército de Sudán, que no hacían más que emborracharse y fumar los porros más largos y abundantes que jamás he visto. Llevaban tal colocón, y yo también, que nos sentábamos en la parte trasera de la camioneta a mirar la selva, sin decir palabra. De vez en cuando, al escuchar algún sonido extraño entre la vegetación, uno de los soldados disparaba con la ametralladora. Las balas trazadoras, de color anaranjado, volaban en dirección a la oscuridad.

Esperando a Joseph Kony.

Quizá fuera por la marihuana, pero sentado con ellos me sentía como en el escenario de un teatro. Nosotros bajo los focos, deslumbrados por su luz. Entre la sombra de las butacas, los milicianos del LRA, que nos observaban sin que fuéramos conscientes de ello.

La misma dinámica que la guerra de Vietnam. Los estadounidenses construían grandes bases y, aunque contaban con una capacidad armamentística un millón de veces superior a la de su enemigo, con helicópteros que les permitían mover a las tropas con una agilidad sin precedentes en un enfrentamiento bélico, con aviones que incendiaban la selva y las aldeas lanzando una lluvia de bombas de fósforo y napalm, el Vietcong no tenía más que observar desde la penumbra, analizar los movimientos de su rival y esperar el momento preciso para atacar, como lo hizo durante la ofensiva del Tet.

Una guerra de guerrillas en la que primero fracasó Francia, con la decisiva derrota en la batalla de Dien Bien Phu, y luego los estadounidenses, viéndose obligados a abandonar Saigón en 1975.

Un conflicto asimétrico que Washington volvió a perder en Irak y Afganistán porque las milicias locales tienen a su favor conocer cada centímetro del terreno, la motivación de estar luchando por su tierra y el convencimiento de que el tiempo está de su parte, como cantan los Rolling Stones.

No hay mejor manera de aprender algo en la vida que a través de la repetición. La teoría de las diez mil horas. Si dedicas esa cantidad de tiempo a lo que sea, terminarás por dominar su técnica, por hacerlo parte de tu memoria muscular e intelectual. Un acto reflejo.

Los altos mandos del LRA llevaban veinte años realizando la misma estrategia: esconderse en la jungla, salir a golpear y volver a perderse entre la vegetación. En ese tiempo habían secuestrado a más de cuarenta mil menores y asesinado, violado y mutilado a cientos de miles de personas en cinco países.

Al llegar a las inmediaciones de Yambio, el efecto había sido el mismo. Hordas de refugiados inundaban la ciudad huyendo del horror. De allí que Médicos Sin Fronteras, entre tantas organizaciones humanitarias, montara dispositivos de emergencia para ayudarlas a combatir el hambre, los traumas y la malaria.

Sin más cintas para grabar con mi cámara, sin dinero en efectivo, condenado a mirar cada noche a los ojos del murciélago, me sentía atrapado en la secuencia de una película que no dejaba de repetirse. La humedad de la selva, los insectos, el dolor de los refugiados que estaban a un par de kilómetros. Lo único que deseaba era subirme al avión, volar a Yuba, luego a Nairobi y volver a mi casa.

Estaba exhausto física y emocionalmente.

Tenía mucho más material del que había venido a buscar.

Al sexto día, tras otra velada convulsa con mi compañero de habitación, salí de la choza para descubrir que el sol brillaba magnífico en el cielo.

Aleluya.

Finalmente, me pude subir a la avioneta Cessna Caravan alquilada por la ONU que dos pilotos mexicanos volaban por todo el sur del país.

—¿Qué número de asiento tienes? —me preguntó sonriente uno de los hombres.

Era el único pasajero en aquella aeronave.

Al conseguir llegar a Madrid, permanecí una semana como una ameba. De la cama al sofá, para ver alguna serie, picar algo, y volver a la habitación. El móvil apagado.

Al fin podía dormir sin que nadie me mirase desde el techo.

Cuando éramos felices nómadas cazadores, nuestra respuesta ante lo que percibíamos como una amenaza era luchar o huir. En este proceso, un crepitar inesperado, un sutil cambio en el paisaje bastaba para ponernos en alerta.

En una fracción de segundo nuestra mente procesaba esa información para indicarnos si debíamos responder con ira, pavor o crueldad.

El ego, en el fondo, no es más que un mecanismo de defensa. Un primitivo kit de supervivencia que, además de la reacción inmediata, tiene la capacidad de dejarnos rumiando el odio y el resentimiento de la afrenta a lo largo del tiempo.

En situaciones tan extenuantes y confusas como las de Sudán, donde pasé días sin dormir por culpa de aquel bicho, donde la humedad y el latido de la selva me generaban un enorme desconcierto, comprendí que debía buscar alguna herramienta para separarme de la realidad, para salir del caos, y poder así controlar en la medida de lo posible mis estados de ánimo.

Algo que bauticé como «el paso intermedio».

El paso intermedio consiste en entender que es nuestra mente la que interpreta las circunstancias que nos rodean, pues en sí esta es objetiva. Nosotros decidimos si estamos ante un ataque, una provocación, una circunstancia trágica o una gran oportunidad.

Mientras más nos demoramos en este escalón, mayor nuestra capacidad para observar lo que sucede fuera y lo que nos pasa por dentro.

Esperar horas para devolver una llamada que sabemos que está cargada de emociones negativas. Aguardar lo que sea necesario para responder a ese correo electrónico que nos ha llegado henchido de injurias y fuera de tono.

Dilatar la reacción es nuestra mejor arma para aplacar la ira, para evitar que se magnifiquen y escalen los conflictos.

La crueldad, el rencor y el egoísmo de los que he sido testigo y parte en tantos lugares en los que he estado, y que sigo viendo ahora a mi alrededor en la parte afortunada de la lotería de los códigos postales, son indudablemente consecuencia de gente con el ego en modo supervivencia.

Si conseguimos parar, respirar, reevaluar la situación, en ese paso intermedio; si evitamos agarrarnos al primer impulso que nos viene a la cabeza, henchido de emociones, nos estamos regalando capacidad de maniobra, de entender lo que nos pasa desde otro prisma, ajeno a lo perenne, a lo primitivo, a lo inmediato.

Algo que también me ayuda es preguntarme: ¿Por qué la vida no va a ser injusta conmigo? ¿Soy acaso un invitado VIP a esta fiesta, ajeno a toda injuria, injusticia, maldad? Bastante dicha he tenido hasta ahora como para no aceptar que de vez en cuando me salpique la miseria ajena.

La clave está en el silencio. En buscar la herramienta que sea para acallar el diálogo que se produce, tras el estímulo externo, entre nuestro ego y nuestra mente.

Quien domina el silencio domina el mundo.

No tengo duda alguna.

Salir a caminar como hacían los antiguos filósofos, murmurar una frase a modo de mantra, respirar de manera consciente, tocar la tierra con las manos, poner en orden nuestro espacio vital, haciendo la cama, colocando de manera organizada lo que está en nuestro lugar de trabajo, para ordenarnos también por dentro, como hacía cada mañana en el punto del planeta en el que me encontrase, como lo sigo haciendo ahora.

El objetivo es silenciar el flujo de pensamientos, de sensaciones que nos invaden, durante el mayor lapso de tiempo posible, hasta que empezamos a notar que las emociones se atemperan, que el ordenador de a bordo comienza a reiniciarse.

Entonces, al volver a contemplar lo que nos ocurre, la mayoría de las veces, la percepción es distinta.

Más sosegada, menos histriónica.

Esto no significa que nos hayamos convertido de repente en individuos ausentes de sentimientos negativos, indiferentes a la adversidad, o en seres virtuosos, Siddharthas de compasión universal. Si hay dolor, claro que sigue allí, pero a unos pasos de nosotros. Con un poco de fortuna, a una distancia que nos permite lidiar de forma más sana con él.

Lo mismo con el miedo, el odio, la rabia, el resentimiento, la envidia. Inclusive con el amor, que a veces también, cuando está cargado de pasión, al menos a mí me desborda.

Ese paso intermedio es puro oxígeno vital, pura luz que se cuela entre las copas de los árboles en la selva de Sudán. Implica decirle a la mente: «Venga, tócala otra vez, pero ahora de manera más comedida, justa, desapegada».

El individuo con mayor poder del orbe no es el que sale en la portada de la revista *Forbes*, sino el que consigue ser dueño de sus emociones.

*Vindica te tibi.*

Reclámate a ti mismo.

A partir de allí, tu relación con los demás inevitablemente cambia. Una persona que entiende lo que le sucede en su interior, que se conoce, que gestiona sus reacciones, no puede más que dirigirse al resto a través de la generosidad, la compasión y la empatía.

Poner en práctica este paso intermedio, encontrarle el truco, está también influenciado por quienes nos acompañan en el viaje de la vida. Cómo vibran. Qué nos transmiten. Hay personas que nos brindan sosiego, que colaboran en esta búsqueda de una lectura más ecuánime de lo que nos ocurre, y otras que nos generan ansiedad, que nos alejan de cualquier atisbo de serenidad.

Me quejaba recientemente en las montañas de la Toscana con mi querido amigo Folco Terzani de lo dura que ha sido la pandemia en términos económicos.

Se rio y me dijo: «Si tú eres millonario».

Lo pensé unos instantes.

Tenía razón.

No literalmente. Tampoco sería rico aunque tuviera la oportunidad. Cada uno que haga lo que quiera con su dinero, pero al menos yo no dormiría tranquilo por las noches sabiendo que cuento con más ceros en la cuenta bancaria de los que necesito, pues soy consciente, por mi propio periplo vital, de que esos ceros podrían cambiar las circunstancias de tantas personas a las que he conocido y que carecen de lo mínimo indispensable.

Por supuesto que me dirán que esas fortunas gastadas en yates, casas, cacerías en África y coches de lujo generan puestos de trabajo, pagan impuestos.

Seguramente así sea.

En mi caso, no podría. Lo siento. Los recursos que compartimos los habitantes de este planeta son finitos. Si algunos acumulamos más de lo que aconsejan la lógica, la mesura y el sentido común, el resto se ve condenado a tener menos. Así de sencillo, por más intentos que hagan de enmascararlo.

Lo que a mí me sobra es lo que a otro le falta.


Con esa sonrisa y esa frase, Folco me empujó al paso intermedio. A recalibrar la percepción que tengo de mi propia situación material. Me sacó de la queja que a nada conduce. De cierta amargura por lo complicados que han sido los años desde que dejé la guerra. Esta vez, él hizo por mí el trabajo, de allí lo crucial de juntarse con la gente correcta, que vibre alto y que nos ayude a vibrar en esa misma sintonía.

Me recordó que, durante los primeros años de mi existencia nómada, todas mis posesiones entraban en una maleta. Y fueron los más plenos y felices de mi vida.

Tener cubiertas las necesidades básicas, personas estimulantes con las que pasar los días, con eso me bastaba y me sobraba.

A partir de allí, lo que se va sumando puede resultar interesante, pero debemos también aplicarle el paso intermedio para descubrir si es lo que queremos o si nos estamos moviendo por los valores de la manada, por la presión y el deber ser de la sociedad, por lo que van a decir los demás. Comprobar si esas capas que vamos agregando a nuestros deseos —otra casa, otro coche, otra película—, resuenan con nosotros o son meros lastres.

En resumen, la respuesta inmediata, vehemente, huir o luchar, está marcada a fuego en nuestros genes. Es lo que nos ha permitido sobrevivir y evolucionar como especie. No obstante, nos encontramos en condiciones absolutamente distintas, aunque nos quieran hacer creer lo contrario.

Ahora, nuestra evolución y hasta nuestra subsistencia pasan por dejar atrás la violencia, la crueldad, la competencia desmedida, la envidia, el odio, la codicia, pues son absolutamente innecesarias y gratuitas.

Contamos con medios suficientes para no tener que relacionarnos de esta manera, para poder poner en práctica nuestro mayor activo como especie: la colaboración, como vimos en el carnaval de Río de Janeiro. Tenemos los recursos necesarios para no vernos obligados a recurrir a aquello que nos ensombrece, nos ata, nos aleja irremediablemente de los aspectos más sublimes de la vida y de la condición humana.

Sin embargo, nos enfrentamos a un gran obstáculo: el ego es enemigo acérrimo del cambio.

Le encanta situarse en ese lugar de victimismo, de perpetua reivindicación, desde el que observa todo como amenaza constante, que impide nuestro desarrollo personal.

Quizá por esta razón parece que en muchos ámbitos profesionales no se puede progresar sin eludir la dinámica primitiva de la confrontación, la mezquindad y la minucia. Un cierto código de conducta darwiniano.

Es una falacia.

He conocido a personas exitosas, en el oficio que sea, que se relacionan con los demás desde la cortesía, el diálogo, la sonrisa, la comprensión y el amor.

Es más, creo que quienes siguen atados a la dialéctica del constante enfrentamiento se han quedado en una escala evolutiva inferior, por más famosos que sean, por más dinero que tengan en sus cuentas bancarias y por más pleitesía que les rindan los cortesanos que suelen tener a su alrededor y que, en esta era de las redes sociales, pueden ser millones.

Me importa poco.

Lo crucial, a estas alturas de la historia de la humanidad, no es alcanzar los objetivos que te hayas puesto. Lo que te define es la forma en que lo haces.

Si es desde el ego ausente de sentido del humor, de disfrute, de cariño y respeto por los otros, al menos a mí no me vale ni me genera la más mínima admiración.

Cualquiera puede ganar millones.

Consigues que un amigo te recalifique un terreno, que alguna entidad financiera te preste dinero y te pones a construir edificios. O te montas una empresa que brinda servicios al Estado mientras te dedicas a conseguir el favor de funcionarios para que te caiga algún contrato.

El libre mercado como generador de amistad.

Entrañable.

El verdadero reto yace en conseguir lo que te propongas evitando traicionar unos valores humanos básicos de generosidad, respeto y tolerancia.

Otra verdad que esconde una paradoja.

Una vez que te sitúas en ese estado mental y espiritual, que te plantas en el paso intermedio y conquistas el silencio, poca importancia le vas a dar a lo superfluo, a la mirada de los otros, a los millones, billones y trillones que no son más que un juego de espejos, laberintos y servidumbres.

Sin esa losa, seguramente fluyas por la vida con mayor ligereza, percibiendo lo que aparece en tu camino no como una amenaza sino como una oportunidad, en la escala superior de nuestra evolución como individuos y como especie.

QUINTA PARTE

# Adiós a las armas

*Que nada te limite*

# Los ecos de una tormenta lejana

## Tú eres el cambio

*Camboya, 2002*

Algo complicado de este oficio ha sido siempre el regreso a Madrid. ¿Cómo retomo la amistad donde la he dejado hace meses? ¿Qué cuento de esas experiencias que me pesan como si hubiese estado fuera durante veinte años? ¿Cómo le explico a las personas que me quieren lo que he vivido en lugares que apenas les suenan?

A menos que hayan leído o visto el resultado de mi trabajo, no tienen las claves para mantener un diálogo. Lo cual es absolutamente lógico. Hay que ser un apasionado de las relaciones internacionales para seguir los conflictos crónicos, olvidados, de baja intensidad que hay por doquier. Inclusive las posguerras, que también me generan mucho respeto, pues las armas y los odios siguen latentes.

Por mi parte, tampoco he tenido nunca muchas ganas de abrirme para compartir lo que acababa de ver y sentir. Lo que tenía que contar, ya lo había hecho en el artículo, libro o documental de turno.

—¿Qué tal por Somalia?

—Jodido, pero bien, aquí estoy.

Y la conversación avanza en otra dirección. Quién ha tenido un hijo, el estreno de una película o el «drama» político local.

El trabajo que más me ha costado digerir al volver a casa no fue una guerra ni una larga temporada en un barrio de chabolas. Los meses que pasé en Camboya en 2002, persiguiendo a pederastas europeos, resultaron ser los que mayores pesadillas me provocaron durante años persiguiendo a pederastas europeos.

Así como el arribo masivo de soldados a Vietnam durante la guerra disparó la prostitución en Bangkok, y la ofensiva de EE. UU. en Somalia tuvo el mismo efecto en la vecina Kenia, tanto en Mombasa como en Nairobi, el desembarco en 1992 de miles de trabajadores de la ONU, en su mayoría hombres con sueldos en dólares, en la devastada Camboya provocó un comercio sexual de niñas y niños que haría eclosión una década más tarde.

El primer día que llegamos a Phnom Penh, nos encontramos con un hombre belga que estaba hablando con un niño de seis años sentado junto al río Mekong. Calvo, pasado de kilos, le hacía caricias en la cara. Mi primer impulso, cuando vi que le compraba helados, patatas fritas y luego se lo llevaba a un hotel, fue querer matarlo.

Así de sencillo.

Ahogarlo en las aguas de aquel río que recorre China, Myanmar, Laos, Tailandia, Camboya y Vietnam.

Darle una paliza.

Lo que fuera.

Mi pareja, Liane, a la que tanto debo y que aguantó conmigo esos meses, me tranquilizó. Nos centraríamos en grabar a esos pederastas que se movían por doquier, con absoluta impunidad, por las calles de la capital camboyana.

El tiempo que hiciera falta.

Las horas que fueran necesarias.

En esa moto alquilada en la que los seguíamos a todas partes.

Franceses, alemanes, belgas, austriacos, italianos, estadounidenses. Compartían en foros de internet la información sobre dónde localizar a los niños, a qué hoteles ir, ante la indiferencia de las autoridades locales.

Fue un trabajo extenuante a nivel físico, mental y emocional.

El resultado de aquella investigación, en forma de artículos, un libro y varios programas de televisión, alcanzó al Parlamento Europeo. Se tomaron medidas. Se creó una organización llamada Protect que metió a más de cien pederastas presos en Camboya, saliendo en *The New York Times*, consiguiendo que *Vice* hiciera un documental sobre sus investigaciones.

Terminada la promoción del libro y las tertulias en televisión, me encerré en la casa de El Escorial que compartía con Liane. Pasé una temporada de constantes pesadillas. No lograba sacarme de encima las imágenes de esos hombres, a algunos de los cuales hasta había convencido para que hablaran a cámara.

En su mayoría, habían sido a su vez abusados de niños.

El círculo del trauma.

Lo cual no evitaba que siguiera sintiendo hacia ellos un odio que me carcomía por dentro. El cariño, la comprensión y paciencia de Liane me mantuvieron a flote. Pagué con ella las consecuencias de estas nuevas heridas que se sumaron a las que llevaba años acumulando en mi interior.

Aunque su mayor aportación, aquel día iniciático en Phnom Penh, fue recordarme cuál era mi misión en la vida: contar una historia, tirar una piedra en una charca, como decía Ramón Lobo, para ver qué efecto generan las ondas que provoca. En el caso de la investigación sobre los pederastas en Camboya, lo que desató fue un tsunami.

En los conflictos armados, muchas veces me he sentido frustrado. Me hubiese gustado ser médico, enfermero, abogado. Saber hacer algo útil más allá de escuchar, acompañar, amplificar y difundir con la esperanza de que alguien lo escuche y reaccione.

Sin embargo, estoy convencido de que si arrancamos de nuestra historia colectiva imágenes como la de la niña Phan Thi Kim Phuc quemada por napalm en Vietnam, las de las torturas en Abu Ghraib, las de los niños muertos en el hospital Al Shifa de Gaza, y las que han hecho tantos profesionales que se jugaron la vida por denunciar las atrocidades de la guerra, desde Robert Capa hasta los compañeros que están en Ucrania como Manu Brabo, nuestra conciencia colectiva estaría en una escala evolutiva más baja. Sería menos susceptible a reaccionar frente a la injusticia, la tortura, el secuestro o la agresión sexual como arma de guerra.

No puedo más que agradecer a Liane por todo lo que aguantó en aquella experiencia tan difícil. No solo perseguimos a los pederastas, también fuimos a hablar con los padres de los niños, nos presentamos en una comisaría de Phnom Penh con el material grabado que los policías observaron con indiferencia.

Estaban al tanto de todo.

Ganaban dinero por mirar hacia otra parte.

Ojalá Liane hubiese estado en tantas otras ocasiones donde al volver de un determinado trabajo me enfrentaba solo a los fantasmas encerrado en casa.


El mar, al que ahora acudo para centrarme y recordar lecciones del pasado, me ha hecho comprender que una tormenta en medio del océano, a miles de kilómetros de distancia, ha generado esa fuerza que se ha transmitido a través del agua hasta convertirse en la dócil ola que lame mis pies.

En cierta manera así es nuestra existencia. Eventos externos, lejanos, se han desplazado por el tiempo y el espacio para darnos forma. Lo que hicieron hace años nuestros padres, aquel maestro que nos marcó, las experiencias de amor y las traumáticas. Somos, a nivel individual, el fruto de una tormenta lejana.

También como comunidad.

Nos impacta el político que decide lanzarse a la guerra en Siria, el gerente de un banco de inversión que empaqueta sin escrúpulos productos financieros, el periodista que intoxica afirmando que el ISIS viene a nuestras ciudades, el científico que descubre una nueva vacuna o el médico que realiza una operación que nadie antes había conseguido.

Si las olas generadas en medio del océano llegan a nosotros, aunque a veces nos revuelquen bajo su furia, nos obliguen a mantener la respiración debajo del agua hasta salir a flote, qué mejor demostración de que nuestras acciones pueden llegar a tener impacto más allá de los confines de nuestra imaginación.

Nosotros también podemos ser una tormenta.

Tenemos esa capacidad, como me recordó Liane aquel día en que llegamos a Camboya.

No eres una isla.

No estás solo.

Eres parte de un vasto océano.

Tú puedes ser el cambio que quieres ver en el mundo.

Y como vimos en el capítulo sobre el doctor Mukwegese y las mujeres del Congo, eres la principal materia en la que debes empezar a trabajar.

# La dignidad en unos zapatos

## Expande tu empatía

*Siria, 2015*

De entre la frontera alambrada que separa a Siria de Turquía no dejan de aparecer familias que avanzan con las únicas posesiones que les quedan. Un abrigo, unos bolsos. Han dejado atrás sus casas, sus coches, sus trabajos, a sus amigos, sus recuerdos. Algunos son ancianos en silla de ruedas, que tienen que ser empujados por jóvenes a través del lodo. Otros avanzan vendados, heridos, mutilados, apoyándose en muletas.

Refugiados que huyen de la ciudad de Alepo, devastada por las bombas del régimen de Bachar al-Ásad, los cazabombarderos de Putin, las incursiones de Al Qaeda y las decapitaciones del ISIS.

En Siria están secuestrados en este momento mi admirado amigo Ángel Sastre junto a Antonio Pampliega y José Manuel López. Tiempo más tarde se sabrá que no se encontraban lejos de esa frontera fuertemente militarizada en la que una larga cola de camiones con ayuda humanitaria de la Medialuna Roja espera para cruzar.

Dos meses antes estaba rodando un documental sobre la matanza de elefantes en Kenia. Tras años de relativa tranquilidad, los cazadores furtivos se habían lanzado a una nueva y brutal ofensiva. En los pasados doce meses, cien mil ejemplares habían sido asesinados. Uno cada quince minutos. Se estimaba que solo quedaban cuatrocientos mil en todo el continente.

El centro de mi historia era una familia que, con una avioneta y unos cuantos guardias forestales armados, luchaba por salvar a los últimos elefantes con colmillos largos del planeta. Quedaban doce cuando empecé a rodar. Estaban en el parque nacional de Tsavo, pegado a la frontera con Somalia. Al acabar la película solo habían sobrevivido ocho.

Tras pasar una larga temporada con aquella gente extraordinaria, volví a Nairobi. En la habitación del hotel Hemingway, encendí la televisión, sintonicé Al Jazeera y vi las imágenes del pequeño Aylan Kurdi ahogado en las playas de Turquía.

Me puse a llorar.

Como tenía conmigo los equipos, volé hacia allí.


Así comenzó un rodaje que duró un año. Recorrí en cuatro ocasiones las distintas rutas que se iban abriendo por Europa para que los sirios pudieran avanzar.

De aquellas maratónicas caminatas, recuerdo haber compartido parte del camino con un arquitecto que había estudiado en la Soborna y que hablaba fluidamente varios idiomas. Avanzaba con su hija adolescente. Un hombre agradable, viajado, culto, de cabello canoso. Me confesó que se sentía afortunado con respecto al resto de desplazados por la guerra. Contaba con amigos en Francia que lo ayudarían a volver a empezar.

Mientras tanto, algunos medios de comunicación y otros expertos anunciaban que el ISIS se estaba colando en Europa.

Tuve la fortuna de estar en Budapest el día en que Angela Merkel anunció que abriría las puertas de Alemania. Tenía que ser una mujer la que tomara la decisión sobre la que el resto de Europa, traicionando sus valores fundacionales, se dedicaba a procrastinar.

Las más de diez mil personas que malvivían en la estación de tren, acosadas por el régimen de Viktor Orbán, se pusieron de pie emocionadas, se abrazaron y se lanzaron hacia Austria.

Aquel día caminamos cuarenta kilómetros.

Tres hermanos adolescentes que habían perdido a sus padres a manos del ISIS, uno de ellos con parálisis cerebral, se ofrecieron a ayudarme con las lentes de cine y el trípode.

Les dije que no.

Insistieron.

No.

Insistieron.

Al final, uno de ellos, con expresión de picardía, me cogió el trípode. Su hermano, la maleta con las lentes de cine. Me dio vergüenza, pero acepté. No podía más con el peso.

El mundo al revés, eran ellos los que me ayudaban a mí.

Esa noche dormimos en un bosque.


Me centraba en los niños, como lo había hecho en *Nacido en Gaza*, porque sus palabras tienen el poder de desmontar en segundos todos los argumentos peregrinos, barreras y excusas, que los adultos construimos para justificarnos.

—Si mi familia ha muerto en un bombardeo. Si estoy huyendo con mi tío de la guerra. ¿Por qué no me dejan pasar? ¿Por qué no me ayudan? —me dijo un pequeño llamado Hamza al que entrevisté en Serbia.

¿Qué respuesta le iba a dar?

A Marwan, otro joven al que seguía desde su desembarco en la isla griega de Lesbos, la madre le pidió que se limpiara los zapatos antes de entrar a Austria, donde la gente recibía a los sirios con aplausos. Obediente, Marwan se sentó a un costado de la carretera y se sacó el polvo del calzado.

Lo habían perdido todo salvo la dignidad.

Una dignidad inquebrantable, puesta a prueba en el taller de Turquía donde trabajaron como esclavos catorce horas al día para ahorrar el dinero que les permitió pagar a los traficantes el lugar en la barca a bordo de la cual cruzaron el mar Egeo.

Una dignidad desafiada en cada frontera en la que fueron maltratados, ninguneados, robados y tratados como ganado.

Mi obsesión era recorrer cada nueva ruta que se iba abriendo. Cuando Hungría montó un impenetrable sistema de alambradas, además de lanzar a grupos paramilitares a cazar a los sirios como animales, el trayecto se desvió hacia Croacia y Eslovenia, donde se metía a los refugiados en trenes que atravesaban de punta a punta el país y que resonaban a los que décadas antes avanzaban atiborrados hacia Auschwitz, Majdanek y Treblinka.

Luego el flujo se estancó en Grecia como consecuencia del cierre de fronteras con Macedonia del Norte. Recuerdo recorrer con Gervasio Sánchez, que viajó con su coche desde España, aquel paso fronterizo que se había quedado desierto.

Una familia, con la que compartí parte del camino, estaba dividida. La madre, enferma de cáncer, se encontraba en Berlín. El padre y sus dos hijos, malviviendo en el puerto de Atenas, pues habían salido más tarde de Alepo.

Las videollamadas eran desgarradoras.

—Ya vais a venir, estad tranquilos —le decía la madre a los pequeños—. Papá os cuida.

El padre me confesó, sentado frente a los enormes barcos de pasajeros, que su miedo era que ella no viviera el tiempo suficiente para volver a abrazar a sus hijos.

Durante aquel año en el que apenas pisé Madrid, volaba también a Alemania y Bélgica para seguir el proceso de adaptación de los sirios.

La rapidez con que los niños aprendían el idioma, la facilidad con la que se integraban en sus nuevos barrios y escuelas, demostraban que Merkel había acertado.

Es lo que tiene no traicionar tus principios.

Datos oficiales del Gobierno señalan que el impacto del millón de refugiados sirios en la fuerza laboral ha hecho crecer la economía alemana un dos por ciento en cinco años.

No venía el ISIS sino gente dispuesta a estudiar y trabajar para salir adelante. Savia nueva, pujante, para una población envejecida. A tal punto que las autoridades alemanas están poniendo en marcha un plan para acoger a otro medio millón de refugiados ante el estancamiento del sector industrial.


Donde más tiempo pasé fue en la isla de Lesbos. Cada mañana salía del hotel, subía a lo alto de una montaña y veía por dónde venían las embarcaciones. En las playas, se formaban montañas de chalecos salvavidas que les vendían a los refugiados a un precio desorbitado pero que no flotaban.

Las mafias locales, sacaban los motores de las barcas y los regresaban a Turquía.

Un negocio lucrativo, a ambos lados del Egeo, a costa del sufrimiento del pueblo sirio.

Los días en que, por alguna redada del Gobierno turco, con el que la Unión Europea estaba negociando un paquete de miles de millones de euros en ayudas para que cortase el flujo de personas, no llegaban pateras, me dirigía al campo de refugiados de Moira, al que no había forma de que me dejaran entrar, o me quedaba sentado en la playa, conversando con sirios que habían pasado la noche allí y que no se habían puesto aún en camino.

Recuerdo a uno que me preguntó emocionado:

—¿Dónde tomo el metro a Berlín?

Cuando le expliqué la cantidad de países y fronteras que aún le quedaban por cruzar, el alma se le cayó a los pies.

También el afán de la gente por comprar tarjetas SIM, que los locales les vendían apenas bajaban de las pateras, y por cargar sus teléfonos móviles antes que pedir comida.

Había presenciado movimientos de refugiados y desplazados internos en Somalia, Kenia, Sudán, pero nunca había visto algo así.

Era una crisis del siglo XXI.

En las puertas de Europa.


Lamentablemente, nacemos con un defecto de fábrica muy notable: nuestra empatía es breve en el tiempo y en el espacio.

Si en el telediario vemos a un niño bombardeado en Siria, o en las redes sociales, nos conmovemos dos minutos y luego nos distraemos con los anuncios o con lo que siga en el *scroll*.

Si el que sufre es nuestro hermano, amigo o vecino, nos moviliza. Si está en otra provincia, nos cuesta más. Si se encuentra en otro país u otro continente, el efecto que tiene sobre nosotros es mínimo.

Empatía de escasa duración y alcance físico.

Ser conscientes de que tenemos este defecto de fábrica es importante, pues nos permite empezar a trabajar en él. La empatía es un músculo que hay que ejercitar.


El sonido del mar, que escucho en este día sin pateras en Lesbos, tiene algo de arrullo. Nuestra mente lo asocia con tranquilidad, con recuerdos gratos. Es un murmullo que genera humildad, seguridad, así se trate de un mar encrespado.

Cuando éramos felices y libres cazadores recolectores, encontrar una fuente de agua suponía un motivo de enorme alegría.

Un río, una charca, un pozo.

Estábamos a salvo.

Nos quedábamos allí una temporada. La bebíamos hasta reventar. Y luego la metíamos en los órganos de animales muertos y resecos que usábamos a modo de cantimploras para salir en dirección al próximo valle.

Está en nuestro ADN.

Además, el 70 % de nuestro cuerpo es agua, el 70 % de nuestros dos órganos más importantes está compuesto por agua, cerebro y corazón, y el 70 % del planeta está cubierto de agua.

Es lo que nos une como especie, nos vincula con nuestro pasado colectivo y con nuestro hogar.

Para ampliar nuestra empatía, caminemos descalzos por la arena, metamos los pies en el mar, cerremos los ojos y sintamos nuestra conexión con los demás. Es la única manera en que podremos avanzar.

Entendamos que las barreras que nos dividen, esas alambradas en Hungría o esas cañas de bambú colocadas en la carretera, no son más que invenciones de otros.

Sintamos y hagamos nuestro el sufrimiento ajeno.

Mucho hemos avanzado en algunos aspectos.

La esclavitud, la postergación de la mujer, la indiferencia a los derechos de los niños, eran la norma hace un par de siglos. Ahora son rechazados por nuestra conciencia colectiva, aunque mucho quede por conquistar.

Ojalá en algún momento seamos capaces de expandir tanto nuestra empatía que rompa la barrera de cristal que nos separa de otras especies.

Los elefantes en el parque Tsavo que están al borde de la extinción por los cazadores furtivos, por la demanda de marfil en China, pero sobre todo por el avance de una frontera humana que no los contempla, que no los suma a nuestra ecuación.

Nuestra evolución, tarde o temprano, pasará por reconocer sus derechos. El frágil equilibrio de nuestra supervivencia depende de ello.

# El libro de Julia

*Sé plenamente consciente de tus actos*

*Calcuta, 1995*

Percibí a los lejos el chirrido de los frenos de uno de los tantos autobuses que circulaban de forma desordenada, haciendo sonar a cada instante sus bocinas, por la AJC Bose Road.

Escuché gritos.

Me acerqué corriendo hacia la gente que se había congregado en una esquina. Una docena de personas rodeaban a un niño que había sido atropellado.

No respiraba.

En cuestión de segundos, fui testigo de cómo la turba salía de casetas, callejuelas y locales, arrancaba del asiento al conductor, que se resistía cogido al volante, lo tiraba al suelo y le empezaba a propinar patadas y puñetazos.

Como era joven e idealista, intenté mediar. Tras recibir el primer golpe en la cara comprendí que debía retirarme.

La madre gritaba con su niño muerto en los brazos, mientras que aquella multitud estaba aplicando su propia forma de hacer justicia.

Desde aquel entonces, he tenido mucho respeto por las aglomeraciones. He intentado mantenerme al margen, alejado del gentío, contemplando en todo momento una posible vía de escape, ya fuera en marchas en Gaza, el Líbano o Egipto.

Con un hombre puedes dialogar.

Con un grupo puedes negociar.

Pero frente a la masa enfurecida, que es capaz de las peores atrocidades, mejor mantenerse a cierta distancia.

Mi relación con la India ha sido complicada. Quizá porque me expuso por primera vez a lo peor de la condición humana de una manera frontal, sin paliativos, con un golpe directo a la mandíbula. Quizá por lo joven que era, porque no dejaba de ser un niño de familia bien y por la virulencia con que desmontó cualquier certidumbre que pudiera tener. Lo cierto es que hubo momentos en que la odié profundamente. Como también es verdad que me ha regalado algunas de las lecciones que marcarían el rumbo de mi vida.

Aquel linchamiento del que fui testigo es una metáfora de lo que implicaba estar en Calcuta en aquellos tiempos. El tsunami de emociones que se podía desatar en cualquier instante por el mero hecho de caminar por una de sus calles.

El vendedor de chai que te atiende sonriente, amable, segundos más tarde es parte de la caterva que asesina a un hombre, seguramente harto de la miseria, las injusticias, la agresividad latente, de aquella ciudad despiadada como ninguna otra que he conocido.

Cuando llegué por primera vez, dos años antes, en aquel viaje improvisado de punta a punta del país con los amigos que había conocido en Bangkok, apenas bajé del autobús, una legión de niños harapientos comenzó a tirarme de los brazos, a pedirme comida.

No pude más que llorar al ver sus caras de desesperación en las penumbras del New Market, con todas aquellas personas durmiendo en las aceras, envueltas en mantas, mientras perros en los huesos y cubiertos de sarna seguían nuestros pasos.

Ahora que Calcuta se había convertido en mi hogar, en mi base en Asia, sentí la necesidad de hacer algo útil, que impactase directamente en la gente, además de escribir, filosofar sobre la vida con otros viajeros y recorrer cada acera, cada parque, cada barrio de chabolas de esa urbe con mi cámara de fotos y mi cuaderno de notas.

Me sumé a un grupo de voluntarios que se dedicaba a recoger a la gente enferma que llegaba en tren. Habitantes de las zonas rurales, cuyos parientes los subían a vagones con la vaga esperanza de que alguien los ayudara en la gran metrópoli de la región.

Las durísimas decisiones que la pobreza empuja a tomar a millones de personas. No debe ser fácil abandonar a su suerte a alguien que quieres por no tener un hospital cerca o dinero para acompañarlo en el viaje.

Por esta razón, los andenes de la estación de Howrah estaban plagados de indigentes. Como no tengo conocimiento alguno de medicina, dentro del grupo de voluntarios a mí me tocaba cargar a la gente hacia los taxis para luego llevarla a centros médicos.

En aquella terminal de estilo victoriano, por la que pasaba un millón de viajeros cada mañana, conocí las historias con las que elaboraría mi primer guion para un documental.

Allí no solo arribaban famélicos campesinos, hombres, mujeres y niños, carcomidos por la malaria, la fiebre tifoidea, la lepra o alguna forma de cáncer.

También malvivían cientos de personas.

En mi guion contaba el día a día de una niña huérfana, una adolescente que vendía su cuerpo entre los vagones durante la noche, una esposa desfigurada con ácido por su marido que mendigaba con la mitad de la cara cubierta bajo su sari y una anciana expulsada de su hogar tras quedarse viuda.

La abyecta situación de miseria y marginación que sufría buena parte de la población de la India se magnificaba cuando se trataba de las mujeres. Ellas estaban en el último peldaño de la escala social.

Algo que me dolía especialmente.

Las niñas obligadas a prostituirse en los barrios rojos de Sonagachi y Kalighat, las jóvenes que eran manoseadas al pasar por las calles, las mujeres a las que quemaban vivas porque sus familias no habían pagado lo acordado antes del matrimonio, las que sufrían violaciones grupales sin poder siquiera denunciarlo a la policía.

Aunque la Constitución prohíbe la dote, bastaba abrir cualquier periódico para ver los anuncios de padres que buscaban esposa de la misma casta para sus hijos. Eso sí, previo pago por parte de los familiares de la futura esposa.

Como sostiene un antiguo dicho hindú: «Ojalá seas el padre de mil varones».

Esto ha provocado un déficit de sesenta y tres millones de mujeres en el subcontinente. Apenas la ecografía muestra que el sexo del feto es femenino, muchas madres son coaccionadas a abortar. Tener una hija es considerado una carga debido a esta perversa costumbre ancestral.

Tal fue la conmoción que me causó conocer de cerca aquella situación sobre la que nunca había leído nada, que a lo largo de los años le he dedicado parte de dos libros y tres documentales.

A tal punto llegó mi insistencia con el tema que las autoridades de la embajada de la India en Madrid me prohibieron la entrada al país. Mandaron una carta a la cadena de televisión para la que realicé una de esas producciones.

Los señores que trabajaban en la delegación diplomática situada en la avenida de Pío XII estaban muy ofendidos.

No por lo que sufren sus mujeres, sino porque lo había contado sin su consentimiento y supervisión, con visado de turista.

Quizá por esta información que bullía en mi cabeza y por la rabia que me generaba el sufrimiento que veía cada mañana en la estación de tren, me costaba dar crédito cuando en el hotel María me encontraba con grupos de extranjeros que me contaban que venían a la India en busca de paz y espiritualidad.

«Qué brillo tienen los niños en los ojos», era algo que escuchaba una y otra vez.

Frase que me enfurecía.

¿Brillo?

¿Te parece que están felices durmiendo en la acera, comiendo de la basura, aguantando palizas y humillaciones diarias? Quizá tengan luz en los ojos cuando te miran porque eres el primer ser humano en semanas que no los insulta, les pega o los aparta a empujones.

Parte de la mano de obra en Calcuta eran menores enviados desde las zonas rurales en busca de un mísero sueldo que ayudase a sus familias. Niñas y niños que dormían en el suelo de restaurantes, pensiones y hogares de personas pudientes.

¿Qué clase de espiritualidad permite semejantes abusos?

«Es que les brillan los ojos».


En el fondo, no estaba siendo justo con esa gente. Yo también había recorrido la India de punta a punta fascinado por sus colores, sus paisajes y la impresionante arquitectura de sus templos. Yo también me había reído y había gozado de su lado luminoso. Hasta había pasado unos días en el áshram de Osho, no para meditar sino por las fiestas que organizaban cada noche.

La cuestión era que ya había abandonado la epidermis y me estaba sumergiendo en las fauces de Calcuta. Aquella en que las ruedas del poder aplastan a las criaturas más débiles de manera sorda, brutal e implacable.

No podía contener el resentimiento que me generaba lo que me encontraba a diario en la estación de tren, en los barrios de chabolas con sus cloacas a cielo abierto, en las calles pobladas de familias que tenían unas telas descoloridas y unas cacerolas como únicas pertenencias. Y eso hacía que me rebelase, con esa vehemencia tan propia de los jóvenes comprometidos con una causa, contra todo aquel no fuera capaz de ver la realidad que nos rodeaba como yo lo estaba haciendo. En especial, me sacaban de quicio los que veían este país como un lugar cargado de paz y espiritualidad.

Había mucho de ego.

Sí.

Pecados de juventud.

La paradoja del asunto es que el extraordinario legado filosófico de la India, cuna de tantas corrientes de pensamiento que han hecho evolucionar a la humanidad, había marcado también mi destino.


El legado filosófico indio y mi bisabuela Julia, para ser más preciso. Una castellana que llegó a la Argentina huyendo de la guerra como tantos otros integrantes de mi familia. Mi padre desembarcó con cinco años tras abandonar su casa en Bolzano, en el norte de Italia. Mi abuelo Manuel, después de huir de Beirut.

Julia fue una mujer extraordinaria para su época. Ante el asma crónica que sufría mi bisabuelo Germán, dirigía las empresas textiles familiares y administraba los pisos que con sus ahorros había ido comprando por distintos barrios de Buenos Aires.

Una de sus grandes pasiones, además de ir al casino en Mar del Plata, era la filosofía oriental.

Hacía yoga, ayunos y meditaba.

Es cierto que, a principios del siglo xx, se despertó en Europa una cierta fascinación por Asia. Algo que tuvo especial adopción en ciertos círculos intelectuales. Aquella era una mirada honesta, deslumbrada, sobre una corriente de pensamiento que comenzaba con los Upanishads y los Vedas, pasando por el budismo, el confucianismo y el taoísmo.

Poca relación con la gran campaña de marketing que hicieron los Beatles, a la que en parte le debemos que mucha gente siga convencida de que la India es una tierra en la que a los niños les brillan los ojos.

Tuve una adolescencia bastante convulsa. Drogas, alcohol, una banda de rock, dos accidentes conduciendo borracho con el coche. Inconscientemente, buscaba romper con el ambiente conservador en el que me había criado. Buscaba mi propio camino. Imagino que hay maneras más mesuradas de hacerlo, pero siempre he sido de extremos.

Mi madre, también llamada Julia, tuvo primero que aguantarme con estoicismo en esos años autodestructivos y luego durante las décadas en la guerra.

Siempre incondicional.

Siempre a mi lado.

Por eso digo que es mi inspiración en la vida.

Tras el segundo accidente de coche, no solo me quedé sin transporte sino que empecé a calmarme. Llovía, había tomado media botella de tequila y terminé estampando contra otro coche el Ford Mustang que me había regalado mi abuelo Manuel antes de morir.

Tenía diecinueve años. Primer curso en la universidad. Primera promoción de Relaciones Internacionales. Me hubiese encantado llegar con el Mustang, pero tenía por merecido castigo el autobús. Además, ese año me había independizado. Vivía en un piso a una hora de donde estudiaba. No me daba el dinero para todo.

Recuerdo perfectamente el día en que fui a visitar a mi madre, aprovechando para dejarle la ropa sucia como buen hijo, pues me había emancipado, pero con muchas carencias prácticas, y descubrí en la biblioteca de su casa un libro que me llamó la atención.

—Era de tu bisabuela.

Lo cogí, lo guardé en la mochila y me fui a clase.

Al volver a casa por la noche en el autobús, lo empecé a leer. Hablaba sobre los textos Vedas y Upanishads. El más antiguo de los Vedas (que en sánscrito quiere decir «conocimiento») fue redactado entre los años 1500 y 1200 a. C.

También hacía referencia a que estos antiquísimos versos escritos en sánscrito comparan al ser humano con la naturaleza. Reconstruyo aquel fragmento de memoria, pues es un libro que perdí en mis viajes y nunca más volví a recuperar.

1. *El hombre que solo vela por sí mismo es el hombre piedra.*

2. *El hombre que solo vela por su familia es el hombre vegetal.*

3. *El hombre que solo vela por los de su nación o color es el hombre animal.*

4. *Y el hombre o mujer que considera a todos los seres por igual es el hombre Dios.*

Estaba pasando frente al parque Las Heras, debían de ser las doce de la noche. Sentí que dentro de mí algo se expandía, se conectaba con todos los habitantes del orbe. Sus angustias, sus dolores, sus risas, su amor.

No pude contener las lágrimas.

Fue un momento de revelación absoluta.

Comprendí que nada volvería a ser lo mismo en mi vida.

No resultó un proceso lineal.

Nada lo es en esta vida.

Tuvo avances y retrocesos.

Pero allí estaba el germen.

En aquel libro de mi bisabuela Julia.


Otra lección que me regaló la India fue la obra de un filósofo de Calcuta llamado Swami Vivekananda. A principios del siglo xx, cuando Occidente empezó a interesarse por la filosofía oriental, lo invitaron a dar conferencias en Nueva York.

Este pensador, que nunca había abandonado su país natal, sintió una enorme conmoción al pisar Manhattan. El constante movimiento de gente, los edificios, los automóviles, Wall Street.

De aquel viaje volvió con una idea que me ha resultado estimulante desde que la leí por primera vez: el karma yoga.

La base fundamental es que se puede llegar a un estado de silencio interior y conexión con el mundo a través de la acción. Nos vio tan industriosos a los occidentales que pensó que no seríamos capaces de parar a meditar. Así que dio luz a este concepto.

En lo personal, me encanta y me encaja, pues sufro de algo a lo que he bautizado como «hiperactividad intelectual».

No en vano me he pasado décadas corriendo de terminal en terminal para coger el siguiente avión. No es casualidad que ahora ruede al año tres películas o series, escriba un libro, un par de guiones, grabe cincuenta pódcast, recorra miles de kilómetros en mi caravana, haga tropecientas horas de surf o de kitesurf.

No sé estar quieto.

No me alcanzan las horas.

Por eso, desde que leí uno de sus libros cuando residía en Calcuta, he hecho propia su teoría: concentrarse en una acción a tal punto que la constante verborrea de tu mente desaparece.

Hacer el amor con alguien, cuando es apasionado y todos tus sentidos están allí. Preparar una comida con cariño. Barrer una acera. Reparar un mueble. Ordenar una habitación. Cualquier actividad nos puede poner en ese estado de ausencia, de absoluta y sublime concentración, que apaga el ego y silencia la mente si la hacemos de manera consciente, con atención al más mínimo detalle.

Aunque lo más poderoso, como escribió Vivekananda, es cuando ese ejercicio lo destinamos a los demás.

El egoísmo inteligente.

# Nacido en la calle

## No tenemos excusas

*Calcuta, 1996*

Debo confesar que, a pesar de nuestra tensa relación, la India me hizo otro regalo. Sin duda, uno de los que más atesoro.

Cuando trabajaba como voluntario recogiendo a gente que llegaba enferma a la estación de Howrah, una mañana, caminando de regreso al hotel María, encontramos a un niño llamado Ershad.

Sus padres habían muerto de tuberculosis, lo que provocó que el resto de la familia lo subiera a un tren en dirección a Calcuta. Durante un tiempo trabajó vendiendo té en las calles a cambio de comida y un trozo de acera para dormir.

Tenía ocho años.

A Ershad le costaba respirar. Estaba tan delgado que las costillas se le apretaban al pecho, como en las fotos de la gran hambruna de Bengala. Los padres le habían contagiado la tuberculosis.

Una vez que se curó, la pregunta era qué hacer con él. Entrado ya en peso, se mostraba divertido, inteligente, observador.

¿Lo íbamos a devolver a la calle?

Me puse a buscar hogares para niños. Ershad merecía una educación, un futuro, cariño y contención, al igual que lo había tenido yo en mi niñez. Era lo mínimo. Suficientes traumas había sufrido ya.

En el hotel María, una voluntaria me habló de una organización que acogía a niños en el sur de Calcuta. Junto a mi novia de aquel momento, nos tomamos un taxi que tardó horas en atravesar esa urbe cargada de humo negro, abarrotada de ruido, de buitres y ratas en sus parques, donde no había un centímetro de acera que no estuviera ocupado por una familia.

La ciudad estaba gobernada por el Partido Comunista. Si bien organizaba marchas multitudinarias una vez por semana, visto lo visto, no resultaba excesivamente eficiente en su lucha contra la pobreza.

En el sur de Calcuta nos recibió un francés cordial, cercano y divertido. Estaba con su novia, su hermana y una voluntaria belga llamada Dani. Tenían un piso lleno de niños. Nos invitó a tomar un chai y a que conociéramos el hogar.

Cuando le hablamos de Ershad, nos dijo con evidente pesar que no tenía más sitio. Es más, la situación económica de la ONG no era demasiado buena.

—¿Cuánto dinero necesitas para abrir un nuevo centro para niños de la calle? —le pregunté.

Me miró sorprendido.

—Unos diez mil dólares al año.

—Perfecto —le dije—. ¿Puedo venir mañana a sacar unas fotos?

Para resumir la historia, armé una carpeta con imágenes del hogar, de Ershad, de otros niños que conocíamos de las calles que merecían una nueva oportunidad, entre ellos su hermano Dilshad, al que no veía hacía meses y que trabajaba en un restaurante del centro de la ciudad.

Empecé a mandar la información por fax a cuantas personas conocía. Mi novia hizo lo mismo.

Un mes más tarde, estábamos comprando los muebles para el piso que el francés acababa de alquilar. Recuerdo a Ershad el primer día, abriendo los grifos, tirándose en la cama.

—¿Todo esto es para mí? —me preguntó emocionado.

«Y mucho más, si el mundo no fuera un lugar tan jodido», pensé.

Esa fue la verdadera razón por la que no hice el posgrado en Georgetown para disgusto de mi padre, por la que aguanté siete malarias y tres años en esa ciudad infame. Me había comprometido con Ershad, con su hermano, con aquella organización.

Cuando me ofrecieron la posibilidad de venir a vivir a España, tras haber rodado para Televisión Española aquel guion que había escrito sobre la vida de las mujeres en la estación de tren, hice una nueva carpeta y empecé a visitar fundaciones en Madrid. El francés, su hermana y la voluntaria belga seguían teniendo problemas financieros. Mi idea era comprarles una casa para reducir así sus costes fijos.

A la responsable de una gran organización le gustó lo que vio. Me pidieron que redactara un proyecto. Lo hice. Nos dieron la ayuda. Con el dinero se compró una casa en la que terminaron residiendo más de ciento cincuenta jóvenes salidos de la calle. Después, me acerqué a una de esas asociaciones que en los años noventa pedían dinero a todas horas en televisión para apadrinar niños.

También se sumaron a la iniciativa.

El francés le puso un cartel con mi nombre al hogar. Cuando lo vi, en una de mis posteriores visitas junto a Liane, le pedí que lo quitara o que pusiera el nombre de todos los que habían hecho posible aquel milagro. No tengo mérito alguno en esta sucesión de eventos.

El lado positivo de estar en una edad en la que me desbordaban las emociones, en la que me creía capaz de cambiar el mundo, era que no veía barreras, solo puentes.

No me ponía límites.

A nada tenía miedo.

Algo que para tratar de sostener con los años, cuando se fue apagando la vehemencia de la juventud, tuve que empezar a ejercitar de manera consciente, constante, tirando de voluntad, de oficio, con mayor esfuerzo pero asimismo con mayor sosiego.

Sin embargo, el verdadero protagonista de esta historia es Ershad. La sonrisa que me regaló el día en que lo fui a visitar apenas se recuperó de la tuberculosis, cargada de resiliencia, gratitud, de amor por la vida a pesar de sus golpes, fue la que puso en marcha aquella extraordinaria suma de voluntades.

¿Os pensáis que meditó sobre qué quería hacer una vez que estuvo en el hogar y comenzó a ir a la escuela? ¿Que estuvo debatiéndose acerca de cuál era su vocación? ¿Quejándose de lo injusto que el destino había sido con él?

No, a diferencia de muchos de nosotros, Ershad encontró una sola oportunidad. Y os aseguro que se agarró al pestillo de esa puerta entreabierta y tiró para adelante sin pensar en los sacrificios, en las renuncias, sin perder la sonrisa que tanto me deslumbró.

Ahora está casado, tiene una hija, un coche, un piso y trabaja para una empresa estadounidense. Resultó no solo tener una personalidad arrolladora, sino ser un gran profesional en el sector de la informática.

Es parte de esa nueva y afluente clase media india que ojalá cambie el destino del país, en especial en relación con el trato que reciben las mujeres.

No puedo ver sin emocionarme las fotos que cuelga en Instagram de sus logros en el trabajo, de las fiestas de cumpleaños de su niña, de sus salidas al parque o al supermercado.

Si él pudo vencer cuanto obstáculo se le puso delante, nosotros no tenemos excusas.

# Cuando las máscaras se caen

## Las respuestas están dentro de ti

*Calcuta, 1997*

Dicen que nunca olvidas la primera vez que eres testigo de la muerte de alguien en un conflicto armado.

Es cierto.

Tanto en Calcuta, donde a diario se libraba la silenciosa e implacable guerra de la pobreza, como en tantos escenarios bélicos, he visto fallecer a decenas de personas.

Aunque muchos de los ecos del pasado me alcanzan algo borrosos, desdibujados, sí soy capaz de recordar con absoluta claridad mi primer encuentro con la muerte de otro ser humano. Aquella mañana en que descubrimos a un adolescente que yacía tendido en uno de los andenes de la estación de tren de Howrah.

Estaba tan delgado que parecía tener la piel pegada a los huesos. Respiraba con dificultad, como si tuviera agua y piedras en los pulmones.

La enferma era australiana con la que me había tocado trabajar aquel día le empezó a vendar la cabeza, pues tenía una profunda herida que le recorría el cuero cabelludo y que se había poblado de gusanos.

Yo le di un poco de agua, que se le escapó entre la comisura de unos labios resecos.

Intenté hablar con él.

Su historia seguramente era la misma que nos encontrábamos a diario en aquella estación. Otro enfermo de tuberculosis, de malaria cerebral, de fiebre tifoidea, cuyos familiares habían subido a un tren con la esperanza de que alguien le brindase asistencia médica.

Lo que no comprendía era el golpe.

¿Se lo había hecho al bajar del vagón?

Tenía el cabello apelmazado por la sangre seca.

—*Tumar nam?* —le pregunté en bengalí.

¿Cómo te llamas?

No dijo palabra alguna.

Me observó desde la lejanía de unos enormes ojos negros, vidriosos. No estaba ausente. Se encontraba allí conmigo. Lo sentía. Solo me observaba desde un lugar distante.

—*Tumar bari kotai?*

¿De dónde vienes?

Tampoco me respondió.

Cuando la enfermera terminó de limpiarle la herida y vendarle la cabeza, rodeados por la habitual multitud de curiosos que nunca faltan en la India, cogí al muchacho en brazos. Me sorprendió lo poco que pesaba.

Salimos por la puerta trasera de la estación, así evitábamos a la policía, que no veía con buenos ojos nuestro trabajo. Es más, cada vez que podían nos echaban.

—¿Adónde lo llevamos? —le pregunté a la enfermera.

—Al hospital AC.

—Vale.

Me acerqué a un taxi. Le ofrecí el doble de lo que normalmente costaba la carrera. De otro modo, nunca nos hubiese dejado subir con aquel muchacho al que cargaba en brazos.

Lo situé a mi lado en el asiento trasero. Mi compañera nos cerró la puerta y se subió delante, junto al conductor.

Avanzamos a paso de hombre entre la multitud de *coolies*, vendedores ambulantes, mendigos y viajeros que se aglomeraban frente a la estación. Esa marea humana desde la que recibíamos alguna que otra mirada de perplejidad.

Tomamos el puente de metal que cruza el río Hugli en dirección a Calcuta, cuando noté que el joven, cuya mano sostenía, había dejado de respirar.

Nunca voy a olvidar la expresión de su rostro.

La cabeza vendada.

Los ojos cerrados.

Y una suerte de sonrisa en los labios.

Emanaba placidez.

No sé.

Desde entonces he pensado que, al sentir cierto calor humano, se dejó ir. Tras los meses de sufrimiento que debía de haber padecido por aquella enfermedad, tras la despedida de su familia, tras permanecer herido en aquella estación sin que nadie le prestase atención, había encontrado un sitio seguro para abandonarse hacia la muerte.


La enfermera, que era australiana, entró en pánico al tomarle el pulso y comprobar que no tenía vida.

—Estamos llevando un cadáver. Nos pueden acusar de un delito. Podemos acabar presos —me dijo fuera de sí.

Me sorprendió su reacción.

Mi corazón se había roto, quizá por la hondura de la mirada con la que el muchacho había escuchado mis preguntas en la estación o, peor aún, por la expresión de tranquilidad que ahora tenía en el rostro.

Menuda mierda de realidad.

Es tal la brutalidad, la desesperación y la derrota que genera la pobreza, que un chico de trece o catorce años, que quizá se podría haber salvado con una vacuna o con un tratamiento médico en el momento adecuado, solo se sintió seguro para morir en manos de dos estúpidos extranjeros, no mucho mayores que él, a los que les había dado por jugar a salvar el mundo cada mañana en una estación de tren.

—¿Eso es lo que te preocupa? ¿De verdad? —le respondí furioso.

—Tú no entiendes.

—Sí que entiendo —la interrumpí—, pero me importa un carajo si nos meten presos.

Se quedó callada.

Me incliné hacia el taxista, que nos había estado observando de reojo mientras discutíamos.

Con la mayor tranquilidad que pude, en mi bengalí más educado aprendido en el curso del YMCA al que asistía una vez por semana, le pedí que cambiara de destino.

—Llévenos al hogar de la Madre Teresa en Kalighat. Sé que es más lejos. Le pagaré el triple.

Meciendo de un lado a otro la cabeza, el hombre asintió.

Para asegurarme de que cumpliría, saqué trescientas rupias y se las metí en el bolsillo de la camisa.

Se dio vuelta y me miró feliz. Tenía la boca manchada de un polvo carmesí. El *paan* que algunos indios mastican a toda hora para mantenerse activos. A los pocos minutos, tomó el desvío hacia el parque del Maidan.

La dirección correcta.

Más allá del debate suscitado por Christopher Hitchens, lo cierto es que las monjas recibieron al muchacho con amor, serenidad y dignidad.


Donde más me he encontrado frente a los últimos instantes de otros seres humanos, ha sido en hospitales. Nunca olvidaré un improvisado centro médico al que las madres llevaban a sus hijos en Mogadiscio para tratar de salvarlos de la malnutrición en aquella hambruna de proporciones bíblicas que asolaba Somalia en 2011. Madres que se habían jugado la vida entre las balas y el fuego mortero para tratar de evitar que sus pequeños murieran de inanición.

No como nosotros, que nos creíamos unos héroes por movernos por aquella ciudad con nuestras cámaras, en un coche blindado y seguidos por una camioneta apretada de jóvenes armados con fusiles y ametralladoras. Al llegar a cada nuevo destino, nuestro productor local, Bachir, lo primero que decía era: «Cinco minutos, cinco minutos».

Sin embargo, en aquel lugar en que niños con los estómagos hinchados, conectados a sondas y cubiertos de moscas, luchaban por sobrevivir bajo la supervisión de médicos egipcios y turcos de la Media Luna Roja, me resistí a que fueran solo cinco minutos, por más que Bachir perdiera los nervios y nos amenazara a los gritos con que no volvería a trabajar para nosotros.

Salió algo del Hernán de Calcuta.

Lo mandé a la mierda.

Podíamos entrar a la devastada catedral de la ciudad, a los restos del famoso mercado de Bekara, ir al frente de batalla, como un comando, rodeados de guardias de seguridad, para grabar, hacer unas fotos y salir de inmediato y evitar así que los islamistas de Al Shabab nos pudieran secuestrar.

Aquel hospital, aquellos niños, merecían toda nuestra concentración, tiempo y respeto.

Estos encuentros con la muerte, creo que son la razón de algunas de las preguntas que me hago de manera recurrente.

No pasa un día sin que me cuestione a mí mismo:

¿Estoy donde quiero estar?

¿Estoy con quien quiero estar?

¿Estoy haciendo algo que me nutre, que me enriquece?

Si la respuesta es negativa, algo que sucede en bastantes ocasiones, me digo que es hora de buscar otros caminos, de ponerme en marcha para tomar perspectiva o de buscar un espacio aislado del ruido para poder escucharme a mí mismo.


La otra pregunta que me hago es cómo quiero morir. Pues he visto personas que abandonan nuestra realidad con rabia, tensas hasta el último de sus músculos, apretando los puños. Otras, me han sorprendido por la parsimonia con la que se dejaban ir, cerrando lentamente los ojos, sumidas en el más íntimo de los sosiegos, al igual que el joven en el taxi de Calcuta.

¿Cómo quiero que sea mi despedida?

Algo sobre lo que me interrogo sin pesadumbre ni pena. Al contrario, intento que sea un ejercicio enriquecedor, que me ayude a tomar decisiones con hondura y plena conciencia.

Proyectarme hacia ese momento, que puede ser ahora mismo y tú estar leyendo un libro póstumo, o que podría alcanzarme dentro de décadas, me permite elegir desde la libertad, ajeno a mis circunstancias actuales, a las emociones superficiales, a la confusa distorsión de lo inmediato.

Cuando se caigan las máscaras que nos ponemos a diario para salir a lidiar con la sociedad. Las máscaras del éxito, del orgullo, del dinero, del poder, del estatus social. Cuando vuelva a estar desnudo de la misma manera en que he nacido.

¿Cuál va a ser mi reacción?

Más allá de la melancolía de no poder seguir disfrutando de la gente a la que quiero, de este planeta tan bello, ¿me diré que he perdonado, que no he dejado pasar oportunidades, que cada vez que me he caído me he vuelto a poner de pie, que he estado allí para la gente que me necesitaba, que he dejado cierta impronta en este mundo, que mi existencia ha tenido sentido?

¿Entraré a ese último aeropuerto, en el que no admiten maletas ni hacen falta controles de seguridad, con una foto falsificada de Messi, levantado los hombros y esbozando una sonrisa de «lo he hecho lo mejor que he podido»?

¿O lo haré mirando con dudas hacia el pasado, cargado de obligaciones y mandatos que me eran ajenos, deseando tener una segunda oportunidad que nunca tendré?

Ese es el gran interrogante que nos une y cuya respuesta no deja de ser un reflejo de la forma en que hemos vivido.

Con los años he comprendido otra verdad que encierra una paradoja: la vida nómada que he llevado durante tres décadas, cargada de tantas preguntas, no ha sido más que un periplo a lo más profundo de mí mismo.

Crucé cuanta frontera se me puso delante. Estuve en todo aquel lugar violento, pobre, olvidado, que me llamaba. Salté de avión en avión hasta la extenuación. Una maratón de personas, paisajes, sensaciones, aprendizajes, errores y aciertos, que me han servido para llegar a una conclusión: las respuestas que buscaba estaban en mi interior.

Es cierto que se fraguaron en los acontecimientos que compartí con personas extraordinarias, en las conversaciones maravillosas que con ellas mantuve, en la exposición a nuestras mayores y peores manifestaciones colectivas, pero no dejaban de ser parte de mí como lo son de ti.

En el fondo, todo este trasiego no ha sido más que un largo viaje a ese lugar que todos tenemos dentro. Un espacio de serenidad, sosiego y amor, donde se atemperan nuestras incertidumbres y se forjan nuestras decisiones más trascendentales.

# La mujer barbuda y sus secuaces

## *Ríete de todo*

*Congo, 2011*

Otra vez me encuentro acorralado como en el aeropuerto de Nairobi, cuando aquel masái de brazos larguísimos y chaqueta azul me detuvo con las vainas de calibre 50. Sí, las que se suponían que eran portavelas. Otra vez estoy inmerso en una conversación surrealista, aunque en esta ocasión, quizá por tener más experiencia o por el hartazgo, me tomo el asunto de otra manera.

—Eres espía —me dice uno de los hombres.

—No soy espía —le respondo.

—Eres espía —insiste su compañero.

—No soy espía.

—Dinos para qué gobierno trabajas y te dejamos ir.

—Joder, que no soy espía.

—Eres espía.

En esta mazmorra ausente de ventanas, que huele a orines, perdida en las fauces del edificio de los servicios secretos congoleños, uno de los interrogadores se pone de pie. Se acerca tratando de parecer amenazante.

—Eres espía.

—No lo soy.

—Eres espía.

Me da una cachetada. Un golpe blando. Más bien una caricia. Creo que mi sobrino Salvador, que tiene tres años, me los encaja con más fuerza.

—¿Cómo cojones voy a ser espía? —le digo con indignación, como si me hubiese hecho daño—. ¿No veis que soy blanco y que mido un metro ochenta y cinco? Los niños me siguen a todas partes. Me gritan *Muzungu, muzungu*.

Por un momento dudo.

Estoy tratando de exprimir mi pobre francés todo lo que puedo. No sé si lo he dicho correctamente. ¿Un metro ochenta y cinco? ¿Un metro cuarenta y cinco? ¿Por qué son tan complicados los números en el idioma de Flaubert?

El hombre se sienta. Abre las piernas de manera chulesca. Su compañero tiene un cuaderno en el que apunta las tonterías que digo. ¿Un metro cinco? ¿Un miniespía? ¿Qué está escribiendo?

—No te creo —me dice el interrogador.

—Estoy trabajando... en un documental sobre la violación como arma de guerra. Ayer. Sí, ayer, he estado con el doctor Mukwege. Llamadlo.

Los hombres permanecen en silencio.

—O traed mi cámara y os muestro lo que he grabado en el hospital Panzi.

—Eres espía y lo vas a confesar —insiste el que lleva la voz cantante.

No hay forma de hacerlos entrar en razón. Tampoco tengo dinero para ofrecerles. Se me ha acabado. Estoy en las últimas. Tras varias semanas de rodaje, me queda lo justo para pagar la pensión y cruzar la frontera de regreso a Ruanda.

—Idos a la mierda —les digo en español.

Los dos agentes de inteligencia me miran perplejos. No saben bien qué hacer. Lo veo en sus caras. No es lo que habían planeado. Para peor, hablan un francés tan escueto como el mío, por lo que la conversación, aunque quisiéramos, poco podría progresar. No estamos en condiciones de ponernos a debatir los siete tomos de *En busca del tiempo perdido* de Marcel Proust.

Supongo que, al encontrarme en los últimos días de este nuevo viaje al Congo, poco me queda que perder. Ya he rodado todo lo que quería para terminar el documental *La guerra contra las mujeres*. Las cintas están escondidas en la pensión Coco Lodge.

Por eso me lo tomo con calma. No hay deseo alguno que tire de mí. Misión cumplida. Ahora, que pase lo que tenga que pasar. Nada tienen en mi contra. Además, llevo cuatro años viniendo al país para rodar las consecuencias de las violaciones masivas. He publicado docenas de artículos sobre el tema. En esta ocasión, no me pueden acusar de ser traficante de armas. Solo están tirando la caña de pescar a ver si consiguen algo.

Se levantan, me miran con desdén y se van.

Cierran las puertas a sus espaldas.

Me quedo en la penumbra.

¿A quién le importa el Congo?

Es cierto, tiene minerales para ser una potencia mundial, pero mandar espías, ¿por qué? ¿Para qué? Estamos hablando de uno de los lugares más pobres y despiadados del planeta.

Hambre, guerra, carreteras intransitables, aeropuertos sin radares.

Hace unas semanas se ha caído un avión porque un pasajero llevaba un cocodrilo en el equipaje de mano. Parece que el animal se escapó, todos entraron en pánico, y el DC-10 terminó estampado contra la selva. Los periódicos locales dicen que solo el cocodrilo sobrevivió.

Lo juro.

Está en las hemerotecas.

Volar aquí da más respeto que en Somalia.

Con respecto a los espías, cualquier servicio secreto en su sano juicio contrataría a locales para que les dieran información. De hecho, lo hacen.

Más barato.

Más seguro.

La acusación de estos dos esbirros de los servicios secretos no se sostiene por ninguna parte. Como mucho, me pueden echar del país.

Ya me gustaría trabajar para el CNI.

Barbas postizas, información clasificada, un sueldo fijo. Nada de lidiar con cuanto payaso en uniforme se cree con poder para intentar joderme el día.

¿Espía?

Un argumento ridículo nivel Miguel Gila.

Lo que más me jode de la guerra son las broncas que por la noche me echa mi mujer.

—Mira cómo vienes, todo lleno de barro, hecho un asco. Cuando esta mañana has salido hecho un pincel.

—Es que nos hacen arrastrarnos por el barro.

—Pues pon periódicos.

Sobre periódicos me tiro a tratar de dormitar en esta habitación sin ventanas, en la que apenas hay un cubo en la esquina para que pueda hacer mis necesidades y unas lánguidas cucarachas en la pared, que imagino que se lo han pasado en grande viendo el espectáculo.

El éxito de los monólogos de Miguel Gila, que siguen aún de plena actualidad, es que se basan en su propia peripecia vital.

No solo fue encerrado como prisionero de guerra en un campo de concentración, sino que, al salir, lo obligaron a hacer cuatro años de servicio militar.

Eso es premiar a alguien.

Empezó a tener éxito cuando actuó como espontáneo en el teatro Fontalba de Madrid en 1951. Terminó exiliado en Buenos Aires entre 1962 y 1985.

—¿Es la fábrica de armas? ¿Está el señor Emilio, el ingeniero? Que se ponga. De parte del Ejército.

»Señor Emilio, es por un tema de reclamaciones. De los seis cañones que mandaron ayer, dos vienen sin agujero.

»Estamos disparando con la bala por fuera. O sea, al mismo tiempo que uno aprieta el gatillo el otro corre con la bala por fuera.

»¿Ustedes no venden los agujeros sueltos?

De sus experiencias en la guerra también surgían las anécdotas de mi querido Roberto Fraile, el reportero que más me ha hecho reír en la vida. Con cara de póquer y con la contención propia de haberse criado en la Castilla profunda, contaba historias inverosímiles de Irak, de Afganistán, que nos arrancaban carcajadas en las largas esperas en los aeropuertos, durante los viajes o mientras aguardábamos a que ocurriera algo significativo en el campo de batalla.

Cuando lo mataron junto a David Beriain en Burkina Faso en 2021, me sumí en una honda depresión. Salieron de mi interior los zombis del estrés postraumático y me devoraron vivo. Con ambos había compartido décadas de oficio. No tuve siquiera el valor de ir a sus funerales o de llamar a sus familias.

Algo de lo que me arrepiento.

Los dos superagentes secretos congoleños abren la puerta. Me ordenan que me ponga de pie y que los siga. Sin rechistar, camino detrás de ellos a través de un largo pasillo. Les saco una cabeza de altura, aunque no sé cómo decirlo en francés.

En los carteles que se suceden a nuestro lado, mensajes contra el abuso sexual de las mujeres y, debajo, el logo de la Unión Europea, que es quien los ha pagado.

No sé hacia dónde vamos, pero al menos mi destino se ha puesto en marcha. Tampoco quiero que esto parezca un melodrama del estilo de *El expreso de medianoche*. Debía de llevar allí cuatro horas, como mucho.

Me había detenido a primera hora de la mañana en el mercado central de la ciudad. Mi querido amigo y traductor, Selemani, me lo advirtió.

—Creo que es arriesgado, Hernán.

Tenía razón.

No obstante, aquella multitud de mujeres que caminaban con fardos sobre la cabeza, que vendían pescados, frutas o verduras, acuclilladas en aquel lugar hediondo, lleno de moscas, tenía un poder visual que tiraba de mí. Sabía que sería una excelente secuencia final para el documental.

—No pasa nada, Selemani. Son solo cinco minutos. Me bajo, grabo un poco y nos vamos.

Lo que debía haber comprendido es que ya nos la habíamos jugado demasiadas veces y que la suerte tiene un límite. Por más ridículo que parezca, en el Congo está absolutamente prohibido grabar vídeos o sacar fotos. A las autoridades poco les importan la guerra, las violaciones, el hambre. Su obsesión es que no ande por ahí un reportero con una cámara. Afortunadamente, se trata de un estado del tamaño de Europa occidental, por lo que resulta bastante sencillo evadir esta norma.

Salvo si tienes la brillante idea de meterte en medio de los miles de personas que pasan cada día por el mercado de Bukavu, que está ubicado en el centro de la ciudad.

Apenas puse un pie entre la multitud, los dos miembros de la policía secreta me sacaron la cámara, me cogieron de los pelos y me metieron en un coche.

Nos habían estado siguiendo.

Cuando Selemani se quiso acercar con la intención de intermediar, le hice un gesto para que se alejase. Me servía más que fuera a hablar con el doctor Mukwege o con mi admirada amiga Lorena Aguirre Cadarso.

Algo podrían hacer por mí.

Padre de seis hijos, Selemani se ganaba la vida dando clases de inglés en una habitación de su casa a la que insistía en llamar «academia», pese a que no había más que una mesa con dos ordenadores que nunca funcionaban por la falta de corriente eléctrica.

Y él era el dueño y el único profesor.

De los traductores que he tenido en veintidós años, lo considero uno de los más trabajadores, nobles y generosos. Nunca me hubiese perdonado que lo metieran preso por mi culpa. Al ser congoleño, los golpes que le habrían dado nada tendrían que ver con los de mi sobrino Salvador.

Al llegar al final del pasillo, descubro que está Selemani. El rostro pálido, las manos detrás de la espalda en gesto de humildad hacia la autoridad.

—Te dije que te fueras —le susurro.

Nos comunicamos en inglés.

Idioma en el que sí sé contar.

Levanta los hombros en un gesto de resignación y sonríe.

Un tío fiel donde los haya.

Como el Congo es un lugar tan surrealista, caótico y en el que nada parece tener sentido, mis captores hacen caso omiso de Selemani, que empieza a caminar detrás de nosotros mientras subimos unas escaleras.

Dos plantas más arriba, nos detenemos frente a una puerta.

Golpean.

Desde dentro responde una voz femenina.

Al entrar descubro un espacioso despacho. Una mujer oriunda, entrada en carnes, con el típico vestido congoleño, se encuentra sentada al fondo frente a un escritorio. No levanta la mirada para verme. Está escribiendo algo en unos papeles.

A sus espaldas cuelga la foto del presidente del país: Josep Kabila, con su bigote largo, al mejor estilo del protagonista de una película *blaxploitation* de los años setenta. *Superfly* o alguna de aquellas producciones con espectacular banda sonora de Curtis Mayfield o James Brown.

Al observarla comprendo que tengo la libertad en la punta de los dedos. A diferencia de los dos matones de barrio que me han traído hasta aquí, ella tiene un aura especial. Hay algo magnánimo, poderoso, en la forma en que mueve el bolígrafo sobre el papel, en la que tiene todo ordenado en su mesa.

Solo una cosa debo hacer: ser preciso, hablar lo justo, no joderla. Algo complicado si has nacido en el Río de la Plata, entre esas vacas de mirada ausente, esas extensiones interminables de campo, esos molinos solitarios que no puedes más que llenar de palabras.

Sin darles margen a reaccionar a los agentes, avanzo con paso firme hasta donde está la funcionaria, que luego me enteraré de que era la jefa de los servicios secretos en la región de Kivu Sur.

Me agacho para estar a la altura de sus ojos.

En una tradición típica de las grandes matriarcas de las tribus de la zona, del mentón le cuelgan unos pelillos en tirabuzón, una sutil barba, que son considerados un símbolo de autoridad.

Le cojo la mano regordeta, se la beso y le digo en mi horrible francés:

—*Vous êtes très belle.*

Usted es muy hermosa.

Me mira con desconfianza.

—*Vous êtes très spécial.*

Sigue indiferente.

—*Je suis journaliste.*

Soy periodista. Arranco y sigo:

—No soy un espía. Estoy haciendo un reportaje sobre el doctor Mukwege y su labor en el hospital Panzi. Solo quiero ayudar a las mujeres.

—Está prohibido filmar en el Congo —me dice.

—No lo sabía. Nadie me lo comentó en la embajada en Madrid. Estos buenos hombres me lo han dicho y me he quedado sorprendido. Le juro que, si me deja ir, en cinco minutos cruzo la frontera y no vuelvo más. Lamento el error y las molestias. Lo último que querría es causarle problemas a una dama como usted.

Cierro la boca.

Ella escribe de nuevo en el folio. Tiene mi pasaporte sobre la mesa.

Lucho con todas mis fuerzas para no volver a hablar. Me rebelo contra las vaquitas, los molinos y los campos infinitos.

«No digas nada más, que la vas a joder», me repito.

La miro sonriente.

Acto seguido ella coge el teléfono y hace una llamada. Al terminar, realiza un gesto con la mano a sus agentes. Musita unas palabras en suajili que no entiendo.

Me pongo de pie. Los miro. Por la expresión de sus rostros entiendo que vuelvo a ser un hombre libre.

—*Merci beaucoup, madame* —le digo.

Ella me mira, sonríe y me dice:

—No lo vuelvas a hacer.

—Se lo juro. Nunca más.


Sin disimular su decepción, los dos hombres no tuvieron más remedio que acompañarme hasta la puerta del edificio colonial, devolverme la cámara y dejarme ir.

Con Selemani caminamos a toda prisa, no fuera alguien a descubrir mis flagrantes mentiras y cambiase de idea. Al dar la vuelta a la esquina, nos fundimos en un abrazo.

Lo habíamos pasado mal.

Después, nos empezamos a reír. A cada paso, mientras volteábamos la cabeza para ver si nos seguían, nos reíamos con más fuerza.

Estábamos descomprimiendo las horas acumuladas de miedo y

tensión, no solo a lo largo de aquella mañana sino en los años que llevábamos trabajando juntos.

Al llegar a la pensión Coco Lodge, para mi vergüenza, Selemani contó la anécdota a todos los presentes en la terraza: camareros, clientes, el dueño.

Cómo me había puesto de rodillas, cómo le había besado la mano a la mujer barbuda.

Se rieron a carcajadas.

Yo también.


Volvamos por última vez a cuando éramos felices nómadas que íbamos de valle en valle con la parentela a cuestas. Si nos encontrábamos con otro grupo y el líder sonreía, podíamos relajarnos. No hacía falta empezar a coger piedras y palos del suelo.

Puedes confiar en las personas según su sonrisa.

Revela algo profundo del otro.

A mí siempre me ha funcionado.

Si al correr perseguidos por un león, alguno de la familia se tropezaba con una piedra y caía al suelo, nuestro tatarabuelo cazador recolector de las cavernas no podía evitar una sonrisa.

Era un acto reflejo. Sería el otro, y no él, la cena de la fiera. De ahí viene que aún hoy nos arranque una involuntaria risa el hecho de que alguien se tropiece.

Pura selección natural, por más cruel que suene.

Después vendrían el dolor, el duelo. «Era tan bueno haciendo el fuego», diría alguien mientras lo enterraban.

En la guerra, el humor resultaba para mí una herramienta de salud mental, por eso disfrutaba tanto de la compañía de amigos como Roberto Fraile. Había momentos en los que me reía, en especial de mí mismo, de las situaciones ridículas en las que tantas veces me encontraba, o no sabía cómo lidiar con los ecos de la enorme crueldad de la que acababa de ser testigo.

Esta necesidad que experimentaba en los conflictos armados es lo que me ha hecho comprender que el humor está íntimamente ligado a nuestra supervivencia.

Por más incomprensible que resulte en la distancia, no podía regresar de grabar a una pila de niños en la morgue de un hospital sin decir algo que nos hiciera reír.

Necesitaba descomprimir como fuera. Y mientras más barreras cruzara el humor, mayor su poder de sanación.

No estaba faltando el respeto a nadie.

No me estaba burlando.

Solo intentaba paliar el desgarro interno que sentía.

Distraerlo un rato.

Además, lo que se dice en la guerra se queda en la guerra.

En este sentido, resulta una verdadera tragedia que el humor esté cada día más acorralado por esa dogmática cosmética lingüística que es la corrección política. Que gentes que tienen la piel tan fina, que se llevan lo ajeno a lo personal, como si fueran el centro del universo, le hayan impuesto fronteras tan acotadas.

Por momentos, parece que fuera más grave decir algo que desafía ciertas normas, que una bomba que cae y mata a una familia en Gaza, Ucrania o Yemen. Causa mayor estupor la provocación, el humor, que la muerte de inocentes si nos guiamos por los titulares de la prensa y la furia de las redes sociales.

Cuando has visto de cerca el horror de la guerra tienes todo el derecho a cuestionar lo establecido, a reírte de los que tienen poder, pues el sufrimiento de las víctimas es consecuencia de sus hipocresías y contrasentidos.

Hasta creo que es una obligación.

La risa como forma de insubordinación.

Así como debemos soltar el ego para evolucionar, para relacionarnos con los demás desde la gentileza, la bondad, la comprensión y el cariño, minimizando los conflictos innecesarios, a la risa debemos abrazarnos con fuerza y no dejarla ir.

Además, a nivel fisiológico, activa cincuenta músculos del rostro. La carcajada, más de cuatrocientos desde la cara hasta la zona abdominal. Es un efecto catártico liberador de energía nerviosa reprimida.

Baja el estrés.

La epidemia de nuestro tiempo.

Reduce la ansiedad, la angustia, nos hace relativizar lo que nos sucede.

Como ahora no vivimos en modo supervivencia, la risa cruel del «me he salvado de que me coma el león» ya no es necesaria. Pero sí es sano enfrentarnos a las adversidades de la vida y a todos sus desafíos con una media sonrisa estilo Mona Lisa o con aquella enigmática de las estatuas de Angkor Wat.

Al darnos demasiada importancia, al brindar excesiva entidad a la mirada ajena y a las jerarquías de valores establecidas por los demás, al relacionarnos con los otros desde ese ser temeroso e inseguro que es el ego, estamos renunciando a una de las mejores armas que tenemos para reaccionar ante los desafíos que nos encontramos, para relativizar su importancia, para vivir con serenidad y claridad de ideas.

El humor es también uno de los mayores rasgos de inteligencia que puedes encontrar en una persona. Por eso quizá me rebelan los bobos solemnes, que no saben reírse de sí mismos, que desde un puritanismo inexplicable en pleno siglo XXI se sienten incómodos ante la sátira o la comedia.

Eso no se puede decir.

¿Por qué?

Todo depende del tono.

De la intención.

¿Quién les ha dado el derecho a decirnos de qué podemos reírnos y de qué no?

Tememos perspectiva, pero de la buena, en esteroides.

Estamos sujetos por la gravedad, como primates 2.0 que somos, a la superficie de un planeta alrededor del cual gira una cosa llamada Luna, que tiene tal poder que cada día que pasa sobre nuestras cabezas va moviendo los océanos y generando las mareas.

A su vez, nuestro planeta da vueltas en torno a una estrella llamada Sol. Esta estrella se encuentra en la periferia de una galaxia que contiene otros cuatro mil millones de estrellas.

Si damos otro paso hacia atrás, descubrimos algo que debería hacernos más humildes aún: nuestra galaxia es apenas una entre cien mil millones.

La suma de estas galaxias nos da como resultado el universo en el que nos encontramos.

Pero este recorrido por el espacio no termina aquí.

Nuestro universo forma parte de una conglomeración de miles de millones de otros universos. Quizá el número sea infinito.

Volvamos a la Tierra, en sentido real y metafórico.

Esta experiencia llamada vida no deja de parecer una gran broma cósmica, cuyo sentido y dimensión tratamos de atisbar, pero que supera nuestra capacidad de comprensión. Esa es la cuestión fundamental, que solo entiendes cuando tomas distancia y observas la realidad con honestidad.

Un maravilloso accidente, un tropiezo en miles de millones de años, de planetas, de galaxias y universos.

¿Cómo nos vamos a creer el centro de nada? ¿Cómo nos vamos a tomar demasiado en serio si somos un minúsculo grano de arena en una playa cuyos confines no llegamos a vislumbrar?

¿Cómo no nos vamos a reír ante nuestros errores, traspiés e, inclusive, nuestras propias desgracias, una vez que el tiempo las ha presentado en su justa medida? ¿Cómo no vamos a lanzar una carcajada de vez en cuando sabiendo lo insignificantes que somos?

¿Cómo no vamos a cuestionar con una sonrisa las líneas, credos, fronteras, ideologías que se han inventado para dividirnos, para separarnos y confundirnos, para que no podamos observarnos con lucidez?

Hazlo con amor, con compasión, con absoluta libertad, sacando punta cuando lo creas necesario, pero, por favor, ríete de ti mismo y ríete de todo.

De las veintidós lecciones que he rescatado de estos veintidós años en la guerra, sin duda alguna esta es la que considero más valiosa.

# Epílogo

Si no te aferras a construcciones ajenas, sean muros, fronteras o credos.

Si aprendes a observar la realidad desde una mirada lateral, propia, que desconfía de las convenciones impuestas por otros.

Si entiendes que estamos aquí solo de paso.

Si comprendes que nada es personal.

Si aceptas lo que venga sin ego, sin quejas ni resentimientos, asumiendo que tarde o temprano todo pasa.

Si tienes la valentía para perdonar y para perdonarte.

Si te arriesgas, fracasas y sigues para adelante, venciendo tus miedos, volviéndote a poner de pie.

Si admiras con moderación.

Si dominas el silencio.

Si logras mirar hacia dentro y vislumbrar las respuestas.

Si consigues expandir tu empatía y comprender que eres parte de un todo.

Si sabes reírte de ti mismo...

Entonces puedes empezar a estar en consonancia con lo que realmente eres.

Tienes frente a ti la salida del laberinto de carreteras secundarias que no conducen a ninguna parte.

Estás listo para subirte a esa autovía central en la que todo fluye, en la que no hace falta lucha o resistencia, en la que puedes decir adiós a las armas, pues estás en consonancia con tu voz más profunda, con lo que realmente eres.

Esa ruta principal que le dará sentido a tu vida, como la guerra se lo dio a la mía.

# Agradecimientos

## Que las negativas te pongan

Si hay una constante en la guerra es la palabra «no». Me la sé en casi todos los idiomas de los lugares donde mandan las armas.

No puedes grabar a las fuerzas especiales.

No puedes grabar este cuartel.

No puedes grabar esta reunión de altos mandos militares.

No puedes grabar dentro del helicóptero.

No puedes entrar a esa zona.

No puedes cruzar esta frontera.

Sin embargo, esa negativa tiene algo seductor, porque sabes que allí, donde te han dicho que no debes ir, está lo interesante para tu historia.

Por eso siempre digo que en la guerra las negativas te ponen.

Algo que también ha sido una gran escuela.

Cuando en 1998 me ofrecieron venir a vivir a Madrid tras el éxito del documental que escribí sobre las mujeres de la estación de Howrah, acepté porque estaba cansado del caos y el dolor de Calcuta, el hogar para niños de la calle ya funcionaba por sí mismo y había sufrido siete malarias. Necesitaba pasar una temporada en un lugar civilizado para recuperarme físicamente y, sobre todo, para tratar de sanar las heridas espirituales.

Me enamoré de España.

La generosidad de sus gentes. El saber disfrutar de lo esencial de la vida: los amigos, las cañas, las vacaciones. Algo que de algún modo siempre me ha equilibrado, pues cuando tu oficio es tu vocación no tienes límite en las horas y días que le dedicas.

También me maravillaba ser testigo y parte del esfuerzo colectivo que estaban realizando los españoles para convertir una sociedad conservadora, que venía de una dictadura, en una comunidad abierta, inclusiva, dinámica y próspera.

Algo que consiguieron en menos de cuarenta años.

Mi llegada a Madrid fue gloriosa. Bajé del avión en silla de ruedas, pues justo antes de partir de Nueva Delhi me había dado un nuevo brote de malaria, pero esta vez con hepatitis A, como ya he contado.

Recorrí Barajas en los huesos, con todas mis posesiones en un bolso que llevaba sobre las rodillas.

El verdadero desafío no era curarme, algo que hice gracias a la ayuda de los médicos del hospital Ramón y Cajal, sino encontrar una forma de ganarme la vida.

Solo conocía a tres personas en España.

Así que cuando me quise poner a escribir libros, publicar reportajes o rodar documentales, tuve que golpear cientos de puertas sin contacto alguno.

La mayoría de las respuestas fueron negativas.

Sabía que todo era cuestión de perseverar, de seguir tocando el timbre hasta que algún vecino despistado me abriera.

Aquellos «no» resultaban tan arbitrarios, circunstanciales, como las barreras que arman los milicianos en Camboya. Nada decían de mi supuesto talento, de mi capacidad de trabajo, de mis aspiraciones.

Además, venía de buscarme la vida en países donde conocía a cero personas. Tres contactos en Madrid constituían una auténtica ventaja competitiva.

Un 300 % de mayor posibilidad de éxito.

Desde entonces, ha sido mucha la gente que ha confiado en mí y con la que siempre estaré en deuda. Podría llenar otra *Enciclopedia Británica* con los nombres de las personas que me han ayudado en España y en media galaxia en estas tres décadas.

Gracias.

Sin embargo, dejadme que me centre en las que han hecho posible este libro.

No puedo más que agradecer a mi terapeuta y amiga Marian Rojas Estapé por haber mantenido los demonios del estrés postraumático a raya, en especial después de los seis meses que pasé rodando en hospitales, ambulancias, funerarias, residencias de ancianos, durante la pandemia del COVID. Un trabajo que me volvió a abrir las heridas de la guerra.

A David Andrés, del equipo de Plaza & Janés, que con entusiasmo y paciencia me ha acompañado en esta labor tan compleja que es escribir sobre uno mismo. Si me hubiese dado rienda suelta, habría parido un mamotreto ininteligible de dos mil páginas.

Ahora solo ha quedado un libro ininteligible, pero de casi trescientas páginas.

¡Lo hemos conseguido!

A Folco Terzani, al que conocí recién llegado a Calcuta y que, con su propia mirada lateral y sus estudios de filosofía en Cambridge, me ha ayudado a repasar las reflexiones de esta obra.

Haberme podido encerrar a su lado, en la misma casa perdida en las montañas de la Toscana, como él hizo con su padre, el grandísimo reportero Tiziano Terzani, para escribir *El fin es mi principio*, es un regalo que atesoro.

También a Fernando Pastini, que ha demostrado ser un aliado incondicional en estos años difíciles. El verdadero pretoriano. Y a mi equipo en Wow Land, que ha tirado para adelante a pesar de mis ausencias provocadas por la redacción de esta obra. Alberto Rojas, Ainoa Martín, David Costa, sois unos cracks.

A los amigos con los que he ido a surfear cuando necesitaba escaparme de estas páginas y de los demonios de la guerra. Empecemos por los «Beatles» de City Wave: Armando del Rey, Juan Carlos Alonso y Álvaro Cimarra. También Benedetta, Amaya, Adriana, Loreto, Miriam, Olga, Rocío, Isa, María, Deborah, Kevin, Israel, Fede, Marco, Quilón, Ariel, Luis, Norber, Adrián, Pana, Ramón, Marcus, Tomás, Rony Lavadoras..., gracias por tantas tardes de olas y risas.

A Gonzalo Navarro, a mi hermano Federico y a Kitty Baamonde, que estuvieron ahí cuando más me hizo falta.

A Blanca Garelly, que tantos obstáculos me ha ayudado a superar en este regreso al mundo «normal».

A mi hermana Julieta, que ha sido otro pilar emocional en este proceso, y por la que siento un enorme orgullo.

Y a mi querida perra Joy, que cada día me enseña con su curiosidad infinita, su ausencia de miedo y su libertad, y que ha aguantado durante meses verme sentado frente a una pantalla.

¿Qué estará haciendo este hombre que no deja de aporrear esa máquina en vez de llevarme a la playa?

Pues nada, escribiendo tonterías, como de costumbre. Pero estas son las últimas, así que ha llegado la hora de coger las cometas, subirnos a la caravana y tirar hacia el mar.

«Para viajar lejos no hay mejor nave que un libro».

EMILY DICKINSON

# Gracias por tu lectura de este libro.

En **penguinlibros.club** encontrarás las mejores
recomendaciones de lectura.

Únete a nuestra comunidad y viaja con nosotros.

penguinlibros.club

Penguin
Random House
Grupo Editorial

 penguinlibros